東協明日之星
馬來西亞

許淑敏、張李曉娟——主編

許文志、許淑敏、張李曉娟、蕭景楷
丁重誠、王綏恒、簡敏芳——著

五南圖書出版公司 印行

序

東協（ASEAN）十國是世界上人口第三大的地區，「東協」本身是一個擁有權力和龐大財富的政治實體，成立以來，確保東南亞國家的利益和地位，而各國間相互合作、貿易的壁壘較少、經濟快速增長，且有最吸引企業進駐的優惠市場、市場規模逐漸擴大及較廉價的勞動力市場，因而成爲吸收外資直接投資的主要地區之一。近年來東協已然成爲具競爭力的經濟體之一，是世界第四大的進出口貿易地區、經濟總量在全球十大經濟體中排名第五，隨著東協國際地位的不斷提升，其對世界經濟的影響力正逐步擴大。

雖然在俄烏戰爭中，有種說法是「經濟靠中國、防務靠美國」，但是東協成員站在各自國家的利益去衡量，顯而易見，東協國家並未被迫在中美博弈的爭端中選邊站，依然維持中立的立場。在目前全球經濟一體化的年代，所有的經濟體休戚與共，必須互惠互利、共榮共贏，所以在新冠疫情與俄烏戰爭複雜的大環境下，儘管中國經濟發展確實發生了許多變化，馬來西亞身爲與中國建交的第一個東協國家，中馬兩國仍一直維持「全面戰略夥伴關係」，經貿往來突破以往，不斷地增長且創下新高。

盱衡東協國家經貿的發展，在本校針對東協十國規劃出版系列叢書中，解析馬來西亞的概況，邀請產學相關作者發表專論。本書共分七章，由五位教授和馬來西亞臺灣商會聯合總會前總會長及馬來西亞居鑾留臺同學會執行顧問、居鑾海南會館顧問共同主筆。第一章馬來西亞的經濟發展（蕭景楷博士）、第二章馬來西亞經濟發展的歷程、現況與未來（許文志博士）、第三章臺商在馬來西亞的投資現況分析（丁重誠博士）、第四章中國與馬來西亞經貿關係的發展與前景（許淑敏博士）、

第五章馬來西亞人力資源發展初探（張李曉娟博士）、第六章馬來西亞華族宗鄉組織（王綏恒顧問）、第七章馬來西亞的華文教育（簡敏方博士）。聚焦在投資、經濟發展與未來、人力資源、教育與宗鄉組織、與中國的經貿關係，從不同視角解析馬來西亞在全球經濟複雜大背景下的經濟發展、中小企業經營創新模式、重點產業清眞食品的未來發展。

疫情肆虐下，企業的交易模式及行爲模式改變了，生產供應鏈和貿易活動也受阻或停頓，更有些國家採取貿易保護主義，然而東協「世界經濟全球化」的趨勢卻不斷地加強，這也是後疫情時代符合企業生產力發展的方向，企業勢必在疫情下走出去，探索自身的經營方法和發展的策略。因此，本書期使在疫情時代，對在馬的企業或欲前往馬來西亞投資者選擇高品質發展戰略能有所幫助，在疫情變化下，審時度勢，調整戰略和經營模式，讓企業持續獲利。

主編　許淑敏

目　錄

Chapter 1

馬來西亞的經濟發展

蕭景楷*

* 美國奧勒岡州立大學農業暨資源經濟學系博士，現任中興大學應用經濟學系名譽教授、（財）千禧龍青年基金會顧問、（財）臺灣樹木種源保育基金會董事、（財）明世農業基金會常務董事。

第一節　背景資料和政治概況

壹、地理位置、土地面積、人口和自然資源

馬來西亞（Malaysia），是位於東南亞的國家，坐落在東南亞的中心點，約在北緯 1-7 度及東經 100-119 度範圍內，距離赤道不遠。馬國北方的鄰國有緬甸、泰國、寮國、柬埔寨和越南；南邊的國家有新加坡和印尼；東面則有菲律賓。所以，馬國是介於東南亞水路與空路重要航線上的國家，同時也位處在嚴重的自然災害範圍之外，不受地震、火山爆發或颱風等災害的影響。馬國係由前馬來亞聯合邦（Malaya）、沙巴（Sabah，舊稱北婆羅洲）、砂拉越（Sarawak）及新加坡（Singapore）於 1963 年所組成的獨立國家，後因存在歧見，新加坡脫離並在 1965 年獨立建國。

全國總面積將近 33 萬平方公里，被長約 600 公里的南海（又稱南中國海，South China Sea）分爲東西兩部分。西半部國土在馬來半島，分爲十一個州及兩個聯邦直轄區：吉隆坡（Kuala Lumpur）和布城（Putrajaya，通稱太子城），常稱爲「西馬」（面積約 132,000 平方公里），北接泰國，南邊隔著柔佛海峽（Straits of Johor），以新柔長堤和第二通道與新加坡連接。東半部國土則位於世界第三大島婆羅洲（Borneo）的北部，分屬沙巴和砂拉越兩個州及納閩聯邦直轄區（Labuan），常被稱爲「東馬」（面積約 198,000 平方公里），南鄰印尼的加里曼丹（Kalimantan），這是印尼在婆羅洲島南部的屬地，面積 574,194 平方公里，占約整個婆羅洲島面積的四分之三，而汶萊（Brunei）則與東馬三面接壤。

首都位於吉隆坡，是馬來西亞人口最密集和最繁榮的地區，聯邦政府所在地則位於布城。馬來西亞的地理位置接近赤道，因此屬於熱帶雨林氣候，導致人口密度較低，然而馬來西亞半島地區的人口密集度比婆

羅洲地區高出許多，也是首都和聯邦政府所在地。截至 2021 年，全國人口總計約 3,352 萬（馬來人占 69.8%，華裔占 22.4%，印度裔占 6.8%，其他占 1.0%）。

境內天然資源豐富，有石油、天然氣等，因天候條件適合，爲全球棕櫚油生產大國，橡膠產量在全世界名列前茅，橡膠木可製造高級家具，使馬來西亞也成爲全球主要家具出口國。由於種植棕櫚、橡膠不須精耕，也不須如同傳統農業一樣耗費大量人力，所以馬國的主要耕地大多用於種植此兩種作物，其他農產的規模則相對較小，稻米、蔬果等仍仰賴進口。

貳、政治概況

馬來西亞聯邦政府由 13 個州組成，政治制度爲君主立憲，最高元首爲虛位領袖，由柔佛等 9 個州（馬六甲、檳城、沙巴及砂拉越 4 州並無蘇丹，所以除外）的蘇丹共同推選，輪流擔任，任期 5 年，目前最高元首爲彭亨州的蘇丹阿布都拉（Sultan Tengku Abdullah Ahmad Shad），於 2019 年 1 月就任。

國會爲兩院制，即參議院（Senate，上議院）、眾議院（House of Representatives，下議院）。參議院議員 70 席，由 13 個州議會各選 2 席，其餘由總理提名，呈送最高元首委任，任期 6 年；眾議院議員任期 5 年，共 222 席，由人民普選產生，連選得連任，享有立法及預算審核權。

2018 年 5 月全國選舉，希望聯盟（Pakatan Harapan, PH，由人民公正黨、民主行動黨、國家誠信黨及土著團結黨等組成）打敗執政 61 年的「國民陣線」（Barisan Nasional, BN）政府，獲得執政權，實現馬來西亞獨立以來第一次政黨輪替。

馬來西亞採責任內閣制，2020 年 2 月 24 日，時任希望聯盟（PH）總理馬哈迪（Tun Dr Mahathir Mohamad）宣布請辭，最高元首於 2 月

25、26日接見222名眾議院議員，並於2月29日宣布慕尤丁（Muhyiddin bin Haji Mohammad Yassin）獲得多數議員支持，2020年3月1日慕尤丁宣誓就職，擔任第八任總理。

總理慕尤丁領導的「國民聯盟」（Perikatan Nasional, PN）包括土著團結黨、國民陣線（巫統UMNO、馬華公會、國大黨）、伊斯蘭黨、沙巴團結聯盟及僅入閣但不加盟的砂拉越政黨聯盟等。反對黨包括希望聯盟（PH）、人民公正黨、民主行動黨、國家誠信黨及若干土著團結黨黨員，另有沙巴民族復興黨及沙巴民統黨等。

第二節　經濟發展

壹、政府主導的混合型經濟

由於實行資本主義市場經濟，馬國有良好的經商環境和親商的政府。目前馬國是東南亞第四大經濟體，但人均GDP位居第三，僅在新加坡和汶萊之後，屬於開發中國家裡最前段的國家之一。在全球多項評比中，馬國都在工商領域位居前列。

瑞士洛桑管理學院（IMD）公布2021年世界競爭力報告，馬國排在第25位，亞洲區域僅新加坡（5）、香港（7）、臺灣（8）、阿聯（9）、中國（16）、韓國（23）等六國超越馬國。世界銀行（World Bank）的2020年「經商環境」排名中，馬國則排在第12位，僅落後於新加坡（2）、香港（3）和南韓（5）。（由於世界銀行的高層被指控施壓員工，竄改中國在2018年的經商環境報告〔Doing Business〕排名，也讓這份報告及世銀的聲譽遭受到打擊，因此停發2021年的報告。）這兩份全球各國的評比報告，說明馬國經濟其實頗具競爭力，是開發中國家的經濟模範生，只是長期被媒體所忽略。

以往當人們提及亞洲發展型國家時，常常只探討日本和亞洲四小龍的案例，以及在改革開放後迅速發展的中國。馬國雖然也採用發展型國家模式（所謂發展型國家模式，就是把發展經濟放在首要位置，並採取國家主導的計畫經濟和開放的自由經濟之混合模式），卻甚少被學術界提起。事實上，馬來西亞的經濟發展歷程，跟臺灣早期的發展型態相當類似，都是在維持資本主義市場經濟的制度下，由政府主導計畫經濟實施的政策措施，但不完全干預市場的運作，而且干預的程度隨國家內在需求以及外在環境的變化而調整。

馬國的主要產業從原先的初級產業經濟轉型成製造業、重工業和種植業，並成爲成熟的新興經濟體。這種產業結構的改變，得力於三個不可或缺的要素，即「基礎設施」、「政策規劃」和「投資工具」。與臺灣的發展經驗雷同，馬國政府的這些政策措施，讓馬國經濟維持了長期的高成長率。以下略述這三個要素的內涵。

一、完善的基礎設施

英國殖民時期（十九世紀到二十世紀中葉）的馬來亞經濟，高度依賴初級產業的礦業、農業和種植業，而位於海峽的殖民地（馬六甲、檳城和新加坡）則扮演轉口貿易的角色。這種殖民經濟，跟臺灣在日治時期作爲日本農業基地（生產米、糖和水果）的角色頗爲相似。

爲了運送貨物（礦產、橡膠和棕櫚油），英國在馬來亞規劃了完善的公路、鐵路和港口系統。公路方面，美國 1920 年的商務部報告就提到，當時英國人已經鋪設 3,000 英里的公路。至於鐵路，則在 1885 年通車，之後建設的鐵道延伸到主要港口「瑞天咸港」（Port Swettenham），即現在的巴生港（Port Klang）。

1957 年獨立的馬國因襲了英國人的規劃理念，繼續大力發展基礎設施。根據雪梨大學 John Drabble 所著《馬來西亞經濟史，c.1800-1990》（*An Economic History of Malaysia, c.1800-1990*）一書，1966-1990 年間的五個「經濟五年計畫」中，馬國政府在基礎建設方面的經費達到總經費的35%，主要用於交通、通訊和電力的設施。目前，馬國在「全球競爭力」指標中的基礎建設雖僅排名第35位，但是其中的公路品質、鐵路效率和海港效率都位居前列。馬國基礎建設的設施，包括聯邦公路、南北大道高速公路、馬來亞鐵道（KTM）、輕軌（LRT）、捷運（MRT）、吉隆坡國際機場（KLIA）等，都在西馬。馬國預計，未來會建設東馬的泛婆羅洲公路、東海岸鐵路（ECRL）和馬新高鐵，並完成鐵路的電氣化。馬國這種發展軌跡，和臺灣過去的基礎建設發展過程一樣，都爲國家經濟的推進，做出了很大的貢獻。

二、前瞻的政策規劃

前述的「五年計畫」始於1956年的「第一次馬來亞計畫」，當時就成立了聯邦土地發展局（FELDA），幫助貧窮的馬來土著開墾農作物。往後每五年審定一次的經濟規劃內容，逐漸將農作物導向轉型爲種植經濟作物導向。目前馬國的稻米需要進口（自給率只有72.3%），就是因爲800萬公頃農地中已有700萬公頃用於種植油棕樹和橡膠樹。

1980年代開始，原有的農業經濟型態，在馬哈迪政府的政策下朝向製造業轉型。當時政府規劃發展汽車製造業和重工業，成立了馬來西亞重工業社（HICOM），並以此與日本三菱企業合資創辦寶騰汽車公司（PROTON）。政府爲了保護國產車企業的發展，對外國車的進口設下高昂的關稅，國營的寶騰汽車才得以用獨占的地位稱霸國內的汽車市場，但這也大爲瓜分了華資汽車代理商陳昌集團（Tan Chong Motor）和合順（UMW）原有的市場占有率。

這種保護情況同樣出現在油氣業上，1974年成立的國家石油（Petronas），逼迫外資石油公司殼牌（Shell）和埃索（Esso）交出在本地油田的經營權。國家強力干預經濟的情況，後來才慢慢減少，政府逐步開放市場競爭，從成立第二國產車（Perodua），到將寶騰近一半股份賣給中資企業吉利汽車，或是讓私人財團進入種植業和油氣業。由於回歸政策發展目的本意，加上馬國政府有遠見的布局，讓如今的馬國成爲東南亞區域的主要汽車製造國家，以及全世界重要的橡膠、棕櫚油、石油和天然氣之生產國。

另一個由政府政策促成的產業，則是電子製造業。馬國目前是世界第七大電子產品出口國，電子產品也是馬國出口最多的商品，占了38%的出口總額。產品包括積體電路（IC）、存儲設備、LED、半導體、太陽能組件和電子代工（EMS）等都是。

其實最先看到電子業發展契機的不是中央政府（當時專注於種植業和油氣業），而是作爲地方政府的檳城。1969 年當上檳城首席部長的林蒼祐（1919 年在檳城出生，1944 年獲得英國愛丁堡大學外科醫學學位後，曾到中國擔任國民革命軍海軍總部醫務處長兼任國防部長陳誠的私人醫生），於 1970 年代成立了檳城自貿區「峇六拜自貿工業區」（Bayan Lepas Free Industrial Zone），以低稅率、低勞動成本、臨近機場、便捷交通、高端人才等賣點招來大量外資。

林蒼祐成功吸引到的外資廠商，有當時剛成立 4 年的英特爾（Intel），於 1972 年在檳城建立海外第一座製造廠。德國的歐司朗（Osram）、博世（Bosch），日本的歌樂（Clarion）、瑞薩電子（Renesas），美國的仙童半導體（Fairchild Semiconductor）、安捷倫科技（Agilent Technologies）和超微半導體（AMD）等都來設廠。經過數十年的努力，檳城現已成爲世界五大電子和半導體生產聚落之一，有人甚至稱之爲「東南亞竹科」或「東南亞矽谷」。

三、成立作為投資工具的官聯投資公司

促成產業轉型後，馬國政府仍在幕後積極參與市場的運作。根據波蘭裔國際經濟學者 Przemyslaw Kowalski 等人的研究，馬國政府的國有企業（State-Owned Enterprise, SOE）持有家數仍然相當高，僅排在中國、俄羅斯、印尼之後。前述的種植業、油氣業、汽車製造業和重

工業中的重點企業大多仍屬官聯公司（Government-Linked Company, GLC）。

爲了控制這些官聯公司，馬國利用官聯投資公司（Government-Linked Investment Company, GLIC）大量買進企業的股權，藉此掌握企業的主導權。不過，馬國的持有方式與臺灣的不同處在於，除了國家石油公司（Petronas）、國家儲蓄銀行（BSN）和幾家公營鐵道公司直接隸屬政府外，其他官聯企業都可在股票市場中交易。相對而言，臺灣直屬政府的公營事業，所經營的行業更爲多元，包括台糖、中油、台電、臺灣銀行、臺酒、中華郵政、桃園機場等都是，而上市的公司則有合作金庫、華航、中華電信和陽明海運等。

馬國的政府投資公司分爲主權基金「國庫控股」（Khazanah Nasional）、國家基金公司「國民投資公司」（PNB）、退休基金「雇員公積金」（EPF）、「公務員退休基金局」（KWAP）、「武裝部隊基金」（LTAT）和伊斯蘭朝聖基金（Tabung Haji）等。他們所直接或間接控制的企業包羅萬象，從銀行、通訊、媒體、能源，到機場、航空、種植、醫療等產業無所不包。

貳、獨特的國家發展模式

雖然號稱「發展型國家」，但是馬國政府干預經濟的模式卻有別於其他國家。馬國不像中國國有企業大多隸屬國家的「國務院國資委」和「中央匯金」，也沒有在私人企業安插黨委；也不像臺灣公營事業直屬中央政府或地方政府，或是民營化後由政府部門入股指派代表。

馬國的政府干預方式，比較像新加坡的主權基金「淡馬錫控股」（Temasek Holdings），旗下掌控了新加坡航空、新科工程、新加坡電信、新傳媒、PSA 國際港務集團和 SMRT 巴士地鐵集團。也就是說，新加坡和馬來西亞這兩個國家的政府，一方面制定政策明確規劃國家經濟發展的大方向，另一方面又透過國家掌控的投資公司，將數家關鍵的產業龍頭企業掌握在手中，產業剩下的其他份額再留給私營企業分食。

雖然馬國掌控主要企業的情況，在 1970 年代「新經濟政策」剛實行的時候，和 1980 年代馬哈迪執政的時期最爲顯著，政府的官聯企業以維護土著權利之名搶食了外資和華資公司的份額。但此種情況在經濟自由化後，已經逐漸改變，政府容許更多民營業者進入各產業的市場競爭。由於馬國的民主化轉型尚未完成，無法像臺灣在幾次政黨輪替後，民營企業在整體經濟的比重和角色都遠超過公營事業。

目前馬國的經濟結構，可說是國營和民營兩者並重，例如屬於官聯公司，前身是馬來西亞電訊國際有限公司（Telekom Malaysia International Berhad）的亞通集團（Axiata Group Berhad），爲求績效也開始拓展海外市場，將通訊業務拓展至印尼（XL）、斯里蘭卡（Dialog）和孟加拉（Robi）；另外，以油棕種植爲主業的森那美集團的業務也相當多元化，甚至遠至臺灣銷售韓國的起亞汽車（Kia）。而比較可惜的是國籍航空馬航，儘管馬航在遇到廉價航空亞航的崛起後作出了各項改革，在 2007 年轉型成功並轉虧爲盈，但之後卻遇上了全球石油價格飛漲，以及 MH370（2014 年 3 月 8 日，馬航從吉隆坡飛往北京的失蹤班機）與 MH17（2014 年 7 月 17 日，馬航由阿姆斯特丹飛往吉隆坡時，在靠近俄羅斯邊界的烏克蘭領空，被 SA-11 地對空飛彈攻擊，機上 283 名乘客和 15 名機組成員全數罹難的班機）事件的衝擊，從此陷入了長期不振的情況。

參、新經濟政策與國家發展政策

在 1969 年的五一三事件（該事件爆發於 1969 年 5 月 13 日，官方解釋此事件主要是馬來人與華人之間的種族衝突，原因是各族間社會及經濟能力的差異。這次血腥的種族衝突，導致了多人死傷）發生後，當時的馬來西亞第二任總理，巫統政治人物，有「發展之父」之稱的總理敦拉薩（Tun Abdul Razak bin Haji Dato’ Hussein Al-Haj）領導的政府於

1970 年提出了新經濟政策（New Economic Policy），並於 1971 年開始實施，至 1990 年結束，長達 20 年。新經濟政策既是政府所制定和推行的中長期經濟發展戰略，同時也是一種比較完整和全面性的社會政策，這是馬來西亞邁向經濟和社會發展新階段的政策。新經濟政策基本上以種族爲導向，其首要目標是透過兩項具體策略達成國家團結。第一個策略是減少絕對貧窮，並朝向在未來消除絕對貧窮。第二個策略是改造社會結構，矯正經濟失衡，以消除經濟功能與種族之間所產生的問題。

事實上，新經濟政策也可稱爲「原住民優先政策」，目的就是要進行有利於馬來人的財富重新分配，以消除各民族經濟實力上的差別爲宗旨。由於政策旨在改變馬來人和其他種族之間的社會和經濟上的差距，這個以種族爲劃分界線的社會改造計畫被認爲是個雄心勃勃，但同時也是極具爭議性的政策，新經濟政策在 1990 年退場後，由國家發展政策（National Development Policy）所取代。

國家發展政策延續之前的新經濟政策，於 1991 年實施。其主要目標是實踐均衡發展，建立一個更加團結和公正的社會。此期間的貧窮問題已不如 1970 年代那麼嚴重，國家發展政策遂致力於消除赤貧和相對貧窮。根據這項政策，政府應創造更多的就業機會，並增加馬來人在各相關經濟部門的參與。

第三節　近年的經濟概況、展望及小結

由於 1981 年至 2003 年，在馬哈迪擔任總理期間，馬來西亞經歷了快速的經濟成長，原先以農業爲基礎的經濟，轉變爲以製造業與工業爲主的經濟。世界銀行預估，馬來西亞將於 2030 年前達到高所得國家水準，成爲東協十國中第三個高所得國家。馬來西亞的產業結構，從 1970 年代的新經濟政策之後，有相當大的變化。目前農業、工業及服

務業占 GDP 的產值，分別各約爲 7.6%、35.4%、57.0%，人均 GDP 超過 1 萬美元。

壹、經濟成長率

2018 年 5 月適逢馬國全國選舉，政府呈現新氣象，經濟基本面強勁，內需持續成爲主要成長動力來源。但因農業與礦業衰退，加上公共領域投資萎縮，以至於實質 GDP 經濟成長率降爲 4.8%，相較於前一年的 5.8% 遜色一些。

2019 年則由於穩健的民間消費，先前的石油與天然氣供應中斷問題獲得解決，以及邊佳蘭煉油和石化綜合發展計畫（RAPID）新產出設施啓用等，都有助於經濟成長。然而因爲對外貿易、工業生產及製造業銷售的成長均呈現趨緩，經濟成長率持續降爲 4.3%。

2020 年馬來西亞雖受惠於美中貿易的轉單作用，但因受新冠肺炎（COVID-19）蔓延採取封鎖措施，以及原油價格下跌與國內政治動盪不安等因素的影響，上半年經濟活動驟減。鑒於國際油價走低，影響石油所得稅及公司稅的收入，政府採行各種振興經濟的配套措施，2020 年第三季經濟出現反彈，但第四季因爲新冠肺炎的再次爆發，當局不得不重啓限制人員流動和商業運作封鎖等措施，經濟再度呈現停滯。GDP 較 2019 年同期大跌 17.1%，爲 10 年來首次出現負成長，跌幅更超過 1998 年亞洲金融危機時期，創下逾 20 年來最嚴重的萎縮。根據馬來西亞中央銀行（Central Bank of Malaysia）所發布資料顯示，經濟成長率爲 -5.6%。

目前馬國政府面臨的直接挑戰爲，如何緩解新冠肺炎疫情對經濟的影響。除提供財政支持外，政府於 2021 年 3 月實施新冠肺炎疫苗接種計畫。國內支出下降，打擊占 GDP 產值一半以上的服務業。與中國大陸合資開發的東海岸銜接鐵道計畫（East Coast Rail Link, ECRL）按計畫進行，連接婆羅洲島 2 省長達 2,200 公里之 Pan Borneo 高速公路已開工興建，封鎖措施禁止大型集會，基礎建設方案仍持續進行。因有限制公務出差等因素，興建方案尚難以正常進度執行，基礎建設支出對經濟成長貢獻較以往受到限縮，估計 2021 年的實質 GDP 成長率，在 3-4% 之間。

貳、通貨膨脹

2018 年 6 月，馬哈迪政府廢除商品與服務稅（Goods and Services Tax, GST），但自同年 9 月起重新開始徵收銷售與服務稅（Sales and Services Tax, SST），重啓汽油補貼機制，俾有利於提升民間消費，以及壓抑通貨膨脹率。由於燃油價格維持不變，相關的交通費漲幅趨於減緩，2018 年通貨膨脹率平均僅爲 1.0%。

2019 年初，全球油價降低，交通燃油下跌，自 2019 年 1 月 5 日起恢復燃油每週零售價格浮動調整機制（New Weekly Fuel Float Pricing System），按國際油價走勢制定每週燃油零售價格，消費者迅速由國際原油價格走低中受惠，1、2 月出現通貨緊縮，3 月份交通運輸費跌幅縮小，之後由於燃料和食品價格成長，消費者物價指數轉呈正値，5 月 7 日馬國中央銀行調降隔夜拆款利率，而一般利率維持不變至 2019 年底，通貨膨脹率在下半年溫和上升，2019 年通貨膨脹年增率平均爲 0.7%。

2020 年由於新冠肺炎疫情蔓延，使得國內需求疲軟，中央銀行三度降息，累計降息 125 個基點，利率創歷史新低，隔夜拆款利率降至 1.75%。全球能源價格較上年大幅降低，公用事業（住房、水、電、煤氣）約占消費者物價指數（Consumer Price Index, CPI）的四分之一，與上一年相較價格下降，持續的通縮壓力來自成本推動因素，馬國經歷了 50 年以來最長的通貨緊縮週期，2020 年通貨膨脹年增率平均爲 -1.1%。

馬國預估通貨緊縮情形將於 2021 年 3 月結束，全球能源價格持續回升將使運輸、公用事業價格上揚；全球商品價格的回升、未來對封鎖跨境限制的逐步解除將有助於總體價格上揚，預估 2021 年通貨膨脹年增率平均爲 2.4%。

參、財政情況

馬國自商品與服務稅（GST）實施以來，該項稅收收入約占 GDP 的 20%，2018 年 6 月時馬哈迪政府取消商品與服務稅，大幅降低財政收入，而 9 月重新引入的銷售與服務稅（SST），卻無法彌補稅收差距，因此 2018 年財政赤字占 GDP 比重由 2017 年的 2.9%、擴大爲 3.7%。2019 年與中國大陸重啓東鐵計畫（ECRL）條件談判成功等，節省政府公共建設支出，加上國營馬來西亞國家石油（Petroliam Nasional Berhad）股利收入，2019 年財政赤字占 GDP 比重爲 3.4%。

雖然政府在 2019 年提出的 2020 年預算，涵蓋溫和的財政刺激措施，確認對財政整頓的中期承諾。然而，因新冠肺炎疫情蔓延，使 2020 年財政執行發生重大變化，慕尤丁政府數度提出財政刺激方案，擴大支出，使執政國民聯盟（PN）財政基礎欠佳，公共債務占 GDP 比重升至 63.3%，但因公共債務約 24% 由非居民持有，財政改革議程目標爲加強經濟發展，尙屬於對經濟的積極發展作爲，多少有助於緩解外部投資者之憂慮，估計 2020 年財政赤字占 GDP 比重爲 7.4%。

2021 年 1-8 月全國陷入緊急狀態時期，經濟活動受限，導致政府稅收減少；政府爲支持弱勢而擴大額外支出，於 2021 年 1 月 18 日宣布第 5 輪財政刺激方案，金額爲馬幣 150 億令吉（Ringgit），用於醫院採購更多物資、招募新的醫護人員及改善現有的工資補貼計畫等，預估 2021 年公共債務占 GDP 比重爲 65.0%，財政赤字占 GDP 比重則爲 6.2%。

肆、對外貿易及國際收支

由於馬來西亞商品貿易呈現順差，雖然勞務帳、所得帳均呈現逆差，經常帳仍維持盈餘。2018 年、2019 年的貿易帳順差分別爲 284 億美元、298 億美元，經常帳順差占 GDP 比重分別爲 2.2%、3.4%。

2020 年全年的製造業和農業出口值較 2019 年爲高，但與上一年同期相較，全球石油價格下降，出口值由 2019 年的 1,968 億美元，降爲 2020 年的 1,789 億美元；另因國內需求減緩致使進口下滑，進口值由 2019 年的 1,671 億美元，降至 2020 年的 1,455 億美元，估計貿易帳順差增至 335 億美元，經常帳順差占 GDP 比重爲 4.8%。

因受印度、中國等主要出口貿易夥伴需求增加的影響，以及占國內生產總值 2.8% 的棕櫚油價格回升，2021 年棕櫚油出口已獲改善。而馬來西亞多樣化的出口產品組合，也由全球對原油、橡膠、電氣及電子產品的需求回升中受益，貿易帳順差餘額約爲 390 億美元，經常帳順差占 GDP 比重爲 4.9%。

伍、匯率

受益於 2018 年 5 月中央銀行（BNM）的調降隔夜拆款利率，馬國的資金流動條件得以改善，加上出口所得外匯措施自 8 月 20 日起，放寬爲出口商可保留未來 6 個月出口必需的外幣，相較 2016 年底以來的措施，多保留了 25%。受到經濟疲軟及國際原油價格下跌，以及美國聯邦準備理事會（Federal Reserve Board of Governors）升息措施等影響，2018 年以來馬幣令吉貶值，從 2017 年底的 RM 4.06：USD 1 貶爲 2018 年底的 RM 4.14：USD 1。

2019 年 4 月馬來西亞中央銀行（BNM）分別與泰國、印尼與菲律賓中央銀行簽署「本國貨幣結算架構」（Local Currency Settlement Framework, LCSF）意向書（Letters of Intent, LOI），推廣以本國貨幣作爲雙邊貿易結算，使貿易商在貨幣結算上更具效率，減少交易成本及外匯兌換風險，使新興經濟體減少暴露於波動的全球市場，以及穩定貨幣匯率走勢，2019 年底匯率為 RM 4.09：USD 1。

2020 年的經常帳經常性盈餘，以及外匯存底的穩定，為馬幣令吉提供足夠的支持，2020 年底匯率為 RM 4.01：USD 1。

陸、外債情況及外匯存底

2018 年和 2019 年馬來西亞外債餘額分別為 2,230 億美元及 2,310 億美元，占 GDP 比率分別為 62.2% 及 63.3%，外債占出口比率分別為 84.9% 及 90.5%，外匯存底分別為 1,027 億美元及 1,013.1 億美元，債負比率分別為 4.1%、5.2%，外匯存底支付進口能力分別為 5.4 個月和 5.79 個月，呈現遞升的趨勢。

2020 年外債餘額 2,344 億美元，占 GDP 比率為 69.6%，外債占出口比率為 105.6%，外匯存底 992.7 億美元，外債總額高於外匯存底，債負比率 6.1%，外匯存底支付進口能力為 7.02 個月，整體而言，馬來西亞外債償付能力尚可。

柒、與臺灣雙邊貿易

2020 年臺灣對馬來西亞出口 94 億 5,864.49 萬美元，進口 98 億 7,881.93 萬美元，臺灣貿易逆差 4 億 2,017.44 萬美元。2021 年 1 月對馬來西亞出口 9 億 7,035.6 萬美元，自馬來西亞進口 8 億 3,104.19 萬美元，臺灣貿易順差 1 億 3,931.41 萬美元。

對馬來西亞進出口貨物結構方面，2020 年臺灣出口至馬來西亞主要產品為電機與設備及其零件（63.44%）、礦物燃料、礦油及其蒸餾產品、含瀝青物質、礦蠟（5.31%）、機器與機械用具及其零件（5.06%）等；自馬來西亞進口主要產品為電機與設備及其零件（60.41%）、光學、精密儀器及零件（10.23%）、礦物燃料、礦油及其蒸餾產品、含瀝青物質、礦蠟（6.85%）等。

捌、展望

馬來西亞經濟研究院指出，馬國 2021 年經濟成長率為 4%，雖然仍低於新冠疫情爆發前的 4.9% 平均值，但正以 V 型趨勢強勁復甦。該研究院估計，馬國 2022 年經濟將強勢成長為 5.5-6.5%，屆時所有經濟領域皆可望正成長，特別是在下半年，這種情況會更為明顯。

該研究院表示，馬國的經濟現正朝向 V 型復甦，跡象包括民間消費和民間投資的內需不斷擴大、商品與服務出口持續強勁成長、馬國中央銀行外匯存底增加，以及外人直接投資和證券投資持續流入等。馬國經濟於 2021 年第四季重新開放，而半成品和資本財進口亦增加，預計未來數季民間消費和民間投資將延續成長態勢。然而在呆帳增加、企業的職缺增加放緩、房地產市場供過於求、金融市場疲弱等情況下，相關落後指標仍須密切監測。隨著大宗商品出口價格的飆升，馬國正經歷所謂的「大宗商品貨幣衝擊」，以名目有效匯率（NEER）衡量的馬幣匯率仍舊疲軟。受民間投資組合及其他投資淨流出、生活費加重、公共領域和家庭債務增加，以及主權債務評級可能調低等影響，整體經濟不易大幅提升。

研究院認為，儘管 2021 年馬國經濟已有起色，但財政赤字占國內生產毛額比例卻逼近 6%，因此預期馬國政府的財政赤字將持續惡化，惟財政赤字依然低於 2009 年的 6.5%。截至 2021 年 6 月底，馬國政府待償還債務已擴大至 9,584 億馬幣（約 2,309.95 億美元），相當於國內生產毛額的 61.1%，已逾法定的 60% 比例。

展望未來，以消費為主的稅收，即商品與服務稅（GST）的稅務，該研究院認為應透過微調措施重新實施，以確保商品與服務稅能發揮自動調節機制。該研究院指出，在當前困難的環境下，貿然提高個人和公司的所得稅稅率並不公平。此外，長遠來看，直接稅收占總稅收的比例亦應下降。

玖、小結

一、以出口為導向的經濟成長

1970 年代以來，馬來西亞的經濟已經從依賴原料出口，轉爲東南亞發展最強勁、產業最多元、成長最快速的國家之一。雖然初級產業仍扮演重要角色，然而出口導向的製造業已成爲馬國經濟成長的主要動力，這種經濟轉型，是東南亞國家中成功發展多部門經濟的範例。

二、近兩年受新冠肺炎影響，經濟成長率呈現下降趨勢

在經濟成長方面，馬來西亞經歷了 1980 年代中期短暫的衰退之後，直到 1997 年之前的成長力度都非常強勁，1997 年金融風暴重創東南亞金融市場，連帶拖累馬來西亞，使其經濟出現衰退。2000 年之後，馬來西亞經濟增長主要是由製造業所引導，特別是電子和電子產品的出口迅速上升，外商投資馬來西亞的意願也大幅提升。近兩年由於受到新冠肺炎的影響，經濟成長率呈現下降趨勢，甚至在 2020 年出現負成長。

三、社會經濟重整策略未能有效提升馬來族群的經濟地位

在經濟政策方面，馬國政府在 1970 年代初期，開始倡導社會經濟重整策略，最先是新經濟政策，之後以國家發展政策的型態延續。這兩種政策，主要以配額保證的方式賦予馬來族群和其他土著族群更多的經濟機會，是一種以族群爲單位的財富重分配政策。然而，該政策並未有效提升馬來族群的經濟地位，馬來西亞的私人企業，絕大多數仍是華人企業，而馬來人則是掌控馬來西亞國有企業。爲提升經濟效率，馬來西亞政府鼓勵私部門在經濟重整過程中扮演更積極的角色，包含國家鐵路、航空、汽車、電信、電力公司等在內的國營企業，都進行私有化。

四、與區域和全球價值鏈整合的經濟

馬來西亞的經濟，緊密地與區域和全球價值鏈整合，貿易對於馬國的經濟成長與發展相當重要，估計大約 130% 的 GDP 是由貨品與服務的進出口所構成。馬來西亞的出口結構，從 1990 年代開始劇烈轉變，原本由橡膠和錫等的出口爲主，二十一世紀時製造業貨品占了約馬國一半的出口所得。馬來西亞前五大出口國爲新加坡、中國、美國、日本、泰國。而前五大進口國家則爲中國、新加坡、美國、日本、臺灣。

參考文獻

1. 何則文、江懷哲、李明勳、黃一展、李問、吳安琪，2019，《用地圖看懂東南亞經濟》，臺北市：商周出版。
2. 彭成毅，〈「國家隊」還是「國進民退」：馬來西亞政府如何主導市場經濟？〉。2021年11月3日，取自網址：https://www.thenewslens.com/article/138134。
3. 貿協全球資訊網，〈馬來西亞主要產業概況〉。2021年12月1日，取自網址：https://www.taitraesource.com/total01.asp?AreaID=00&CountryID=MY&tItem=w03。
4. 辜樹仁，2018，〈馬來西亞為什麼離「高收入國家」愈來愈近？〉，《天下雜誌》，第647期。
5. 葉興建，2018，《新經濟政策對馬來西亞經濟發展的影響》，吉隆坡：南大教育與研究基金會。
6. 廖文輝，2019，《馬來西亞：多元共生的赤道國度》，新北市：聯經出版公司。
7. 蔡怡竑，2018，《新棋局：絲路上的馬來西亞與中國》，香港：中華書局。

8. John Drabble, 2000, *An Economic History of Malaysia, c.1800-1990: The Transition to Modern Economic Growth* (*A Modern Economic History of Southeast Asia*), London: Palgrave Macmillan.
9. Przemyslaw Kowalski, 2020, On Traits of Legitimate Internationally Present State-Owned Enterprises, *The Routledge Handbook of State-Owned Enterprises*, Edited by: Luc Bernier, Massimo Florio, Philippe Bance, Routledge Handbooks Online.

Chapter 2

馬來西亞經濟發展的歷程、現況與未來

許文志*

第一節　馬來西亞經濟發展歷程

第二節　馬來西亞經濟發展新模式與中小企業的現況與未來

第三節　馬來西亞經濟發展的現況與展望

* 日本明治大學經濟學博士，現任環球科技大學中小企業經營策略管理研究所講座教授、中華民國全國商業總會首席經濟顧問。

第一節　馬來西亞經濟發展歷程

馬來西亞由 13 州及 3 個聯邦特區組成。國土面積 33 萬平方公里（約臺灣的九倍），人口 3,270 萬，平均國民所得 10,871 美元。民族包括馬來系 69.8%、華人系 22.4%、印度系 6.8%，其他 1%，是一個馬來原住民族和其他各民族融合的多族群國家。馬來西亞自立自強獨特的經濟體制，即是「不容許各民族對立表面化」所促成的全體國民共識的價值觀。因馬來西亞獨立建國之初，占全國人口七成的馬來人，多屬貧困階層，所謂「天然資源豐富國家內的貧窮馬來人」，只有少數華人較富裕，讓人深刻感受到各民族之間的文化、經濟、民俗差距存在的體制不合理。

因此，馬來西亞經濟發展，不斷調整其策略，茲將其歷程分述於下：

1957 年脫離英國獨立，經濟發展面利用活化天然氣、橡膠、棕櫚油、錫礦等豐富天然資源，促進農業爲中心經濟成長，國民生產總值從 70 億美元成長至 2,080 億美元。

1970 年前後，政府主導引進外資推動工業化，並以電機電子爲核心，大力發展製造業，以輸出導向型工業達成經濟迅速成長。

1981 年總理馬哈迪實施引進外資政策，推動重工業化戰略，開發工業區，帶來現今電機電子產業爲中心的現代工業化，同時活化石油資源以發展石油化學產業、汽車產業運輸機器和錫礦及燃料產業等製造業，促進馬來西亞經濟發展和成長。

1991 年發布馬來西亞 30 年後的未來願景「Vision 2020」，以全力縮小各民族間的經濟差距爲目標。接續公布「SPV2030」，即未來十年的經濟政策。期待 2030 年成爲經濟先進開發國家，朝向消除過去國內各民族經濟差距，繼續創造經濟發展和成長、進入高所得先進國家行列爲目標。

1997年以前馬來西亞連續25年經濟成長率（GDP）平均超過7%。1997年馬來西亞度過金融危機，經濟平穩發展。實施「自立自強」獨特的經濟政策。當爆發「亞洲通膨危機」，政府採用低利政策，投資公共設施建設，推動增加民間消費，活化景氣，創造就業機會，以達成完全就業的社會，政府財政支出的資金來自稅收和發行國債。政治政策超越經濟政策，是在經濟惡化時不得不選擇採取的策略。開發中國家依賴輸出促進經濟成長，不得不放寬服務業外資限制，特別對IT基礎建設整合成功，轉型爲內需主導型經濟發展。

2008年超越世界金融危機，邁向先進開發國家目標，發展自立自強經濟。

2022年擁有現代化的機場，東南亞最高的建築（雙子塔），美麗的高速公路，欣欣向榮的種植園和工業區，世界級的渡假聖地。馬來西亞過去50年的經濟發展，在東協各國成長僅次新加坡。

因此，馬來西亞政府實施改善民族間的差距，融合政策目標。全部經濟政策，都要從長期觀點出發加以考量，實施自立自強的經濟發展政策結果，與鄰近國家比較，是個長期穩健成功的開發中國家。

馬來西亞實施自立自強獨特的經濟發展政策，其三大重點內容分述於下：

壹、「普米普度拉」政策（Bumiputera Policy）

「普米普度拉」是馬來語的音譯，其原意是「土地之子，馬來系住民和原住民」。政策目標爲提升全部馬來人的經濟地位，是1971年開始實施的保護馬來人優惠政策。其實際績效包括馬來人優先錄取國立大學、國營企業優先錄用、投資特許認證企業，如伊斯蘭食品認證，得優先特准、銀行融資優先融通利率低而貸期長的優惠。

馬來西亞政府實施「普米普度拉政策」，從分配政策轉向開發政策成長路線移動過程，強力創造「馬來人中產階級」。引進外資，走上國際化、自由化經濟步道。「普米普度拉」政策發揮了培育馬來人企業經營者的功能，強調「均衡發展」與「建設性保護」政策的價值。其實是馬來西亞政府積極推動的「經濟政治化」與「政治生產力」，目的為提升馬來人經濟地位，保護馬來人持有經濟實力 30% 占比，是馬來西亞政府主導的新經濟政策（NEP）。

馬來西亞政府培育工業化、現代化的馬來人企業經營者，掌握馬來西亞經濟發展的牛耳，是馬來西亞政治的最大特徵。自 1990 年代，馬哈迪前總理即強調馬來人優先的價值觀，希望培育在國際社會上有競爭力的馬來人人力資源，以馬來人優先開發馬來西亞經濟，當經濟發展的推手。

被培育的對象，除限本土馬來人外，同時應具備四項基本條件：

1. 年齡限 35-55 歲以內。

2. 具有 15 年以上在民間或政府機關服務的經驗，特別是工程師及財務、會計管理相關專業服務經驗。

3. 具有大學畢業的學歷。

4. 曾積極參與公司經營，並有投資能力者。

而且經營企業資本持股比必須達 30%，尤其如行動電話、電視衛星、不動產、銀行等國際級公司的企業經營者。

培育企業經營者，實現策略從執行公營企業民營化開始，其實踐民營化的方法包括：

1. 解散原來公營企業將公司資本（股票）讓售給民營公司。

2. 政府機構部分先民營化。

3. 以 BOT（Build-Operate-Transfer）方式，由民間興建營運後轉移給政府。從政府所有的國（公）營企業、設施等營運和建設開始實行。

4. 採取 MBO（Management-Buy-Out）方式，將公營企業民營化。

例如以 BOT 方式執行貫串馬來西亞南北高速公路等計畫的案例。

最後手段，馬來人高級官僚和政治家轉移陣地直接介入企業民營化。政府強力保護，大力支援融資。如此，塑造的民營化企業經營者透過國家所有信託機關，利用國家的資源，美其名爲「均衡分配」落實政策。

貳、東方政策（Look East Policy）

1981 年馬哈迪就任第四任總理，倡導「馬來人復權」特別強化政策，原本馬來西亞學習西方經濟科技，轉而學習日本、韓國等亞洲先進國家，以「東方」替代「西方」經濟學習，即「東方政策」。採取重工業化的經濟戰略，促進由民間主導的經濟發展政策，並非由國家公營事業引領，同時積極引導外資投入馬來西亞基礎建設。爲達成「東方政策」目標，馬來西亞政府特別選派許多優秀的留學生到日本研習，馬哈迪前總理指出，馬來人欠缺國際競爭力和企業家的創業精神，藉推動「東方政策」鼓勵馬來人要加強向日本和韓國學習，其勞動力的價值觀、倫理觀、團隊主義，發展現代化、工業化、都市化，以及電子製品、汽車產業、水泥、鋼鐵，四大支柱。學習優質品質管理及高度生產力。培育馬來西亞創新產業的領導人才和中產富裕階級。

依據「東方政策」，馬來西亞的棕櫚油和天然橡膠等第一級產業，形成輸出產業中心，引進許多東方（日、韓）製造業頻繁進出，創造馬來西亞經濟特徵，工業製品偏高的經濟結構，是馬來西亞發展經濟極大的轉變。

馬哈迪前總理透過「東方政策」培育「普米普度拉」企業經營者，人人成爲百萬富翁，馬哈迪主張「有一百位百萬富翁的華人，最少要培育十位馬來人百萬富翁」的對策，落實他「分配均衡」的「經濟政治化」目的。其愛鄉土、愛護馬來人的心，與從本土經濟發展接軌國際的企圖心，令人感動。

參、實施Vision 2020、SPV2030政策

1990年馬哈迪領導的政黨在大選中獲勝，翌年就任第四次內閣總理發表「Vision 2020」（2020年宏願）經濟政策，2019年10月5日接續公布馬來西亞未來十年展望的「SPV2030」，從2020的宏願到改善各族群間的差距，發展經濟十年計畫，一貫延伸，期望在經濟、政治、社會、精神、文化各領域，達成馬來西亞進入「先進國家夥伴國」的宏願。公平、公正分配國家資源給予各利益所得團體、各族群、各宗教。各企業從原料調配到生產運輸、服務業務一元化管理，達成國家經濟持續成長目標。積極推動此後十年國家經濟發展的基本方針，團結馬來西亞全體國民未來統合爲最重要目標。自1991-2019年，經濟成長（GDP）每年平均7%的馬來西亞，希望實現「SPV2030」中GDP達8%水準的國民所得目標。爲實現消除族群間利益團體、地域間的差距，展現活力推進七大國家經濟戰略。

然而，馬哈迪總理突然於2020年2月辭職，而後依《馬來西亞憲法》規定由蘇丹阿布都拉任命前內政部長慕尤丁爲第八任總理。對未來如何施行「Vision 2020」與「SPV2030」難能預料。但，面臨馬來西亞長期經濟差距的問題，確實是每位馬來西亞總理發展經濟必須解決的重責大任。

SPV2030（The Shared Prosperity Vision）是馬來西亞獨立和繁榮共榮共享願景的國家目標。而該國家戰略必須解決的問題包括：

1. 尚未充分發揮的經濟成長潛力。
2. 尚未充實製造業和服務業的高科技化。
3. 雇用者和從業員之間的所得差距（勞資所得不平衡）。
4. 利益所得上層與下層差距繼續擴大（縮小貧富差距）。
5. 各族群所得差距擴大。
6. 均衡專門職業者馬來原住民和非馬來原住民所占比例（人才比

例約 40-60%）。

7. 提高馬來原住民對 GDP 貢獻度比例。

8. 改善各地域間的經濟差距。

尤其，對馬來原住民適用減輕稅率，優先錄取爲國家公務人員，國立大學優先錄取馬來原住民政策。雖然實施一連串對馬來原住民優惠政策，卻對華僑經濟影響不大，僅對各族群或地域間經濟差距力求改善。因此，爲解決上述重大問題，採取表 1 之國家戰略。

表 1　馬來西亞國家問題解決之戰略

戰略方向	具體措施
企業與產業經濟構造	1. 中小企業 GDP 貢獻度占比提高到 50%。 2. 中小企業導入高端技術企業占比提高到 30%。
重點經濟成長活動	1. 機械設備領域的投資額占全投資額 40%。 2. 育成伊斯蘭金融或再生能源等創新領域。
人力資源	1. 勞動力的 35% 提升為高級人才。 2. 人力資源開發基金的 40% 注入工業化 4.0 相關研發。
勞動市場與從業員補償	1. 不分年齡、性別、民族、宗教的差別。 2. 削減國外勞動者。
社會福利	1. 擴大社會保障制度。 2. 充實各地區的老人照護及殘障醫療設備。
地域範圍	1. 統合全國公共交通機關。 2. 縮小都市與農村之間差距。
社會治安和健保	降低犯罪率、反貪汙、提升健保等。

馬來西亞的經濟構造從製造業縮減而服務業持續擴大中。2000 年製造業最大占比 30%，現在已縮小，反而零售業、資通信、金融服務及第三級產業占比都已超過 50% 之多。經過 20 年的產業轉型到現在，以表 2 彙整其特徵。

表 2　2022 年馬來西亞主要產業特徵及動向

特徵與動向	農業	製造業	服務業
特徵	1. 天然橡膠產量占全球第 3 位。 2. 馬來西亞棕櫚油產量占全球第 2 位，含印尼則占全球 90% 產量。 3. 林業，為保護森林實施限制砍伐。 4. 錫礦產量占全球第 10 位。	1. 從原本資源加工型，轉型為輸出導向型、高附加價值型。 2. 東南亞唯一國民車產業，汽車零件產業育成組合。 3. 薪資上漲，熟練勞動者不足的問題。	1. 傾向資訊化社會發展，致力於電媒涌訊相關的資訊產業的育成。 2. 據聯合國世界觀光機關 UNWTO 2019 年數據，外國觀光客來馬觀光人數占全世界第 15 位。
最近動向	1. 棕櫚油除當生物燃料、食用以外，利用動向擴大，產量也增加。 2. 棕櫚油輸出關稅每月與市價連動調整。但為提高國際競爭力，必要時因情勢隨時調整關稅。	1. 政府公認清真食品認證機關 JAKIM 國際認證制度確立，創設監督 42 國 69 團體國際清真食品機關的委員會。 2. 馬哈迪前總理提倡國民車開發計畫，繼任總理慕尤丁表示繼續努力實現此目標。	1. 近年限制外資投入，但因實施馬來原住民優位政策，放寬准許外資投入擴大服務業。 2. 今後，決定適時放寬引進外資的方向。

資料來源：馬來西亞國家統計局、日本瑞穗綜合研究所，作者譯並整理。

馬來西亞自脫英獨立後，經歷 50 年宗教、民族間差距的挑戰，馬來人掌控政治文化，華人擅長發展經濟，從調和走向統合、融合的社會共識。從引進外資，發展科技，電子立國，中小企業服務業欣欣向榮，超越製造業，逐步邁向民主、自由經濟國際化的大道。運用其豐富的天然資源，創新獨特科技密集型和資本密集型產業，在東協與泰國、新加坡成爲三足鼎立經濟發展的模範生。

第二節　馬來西亞經濟發展新模式與中小企業的現況與未來

壹、馬來西亞實施都市化率已達中高所得國家的水準

馬來西亞人口 3,270 萬（2021 年），其中 80% 集中於吉隆坡首都圈和檳城、新山等地區，都市化人口資源豐富。現在亞洲的印度、菲律賓、印尼、泰國、越南等國家的都市化率都在 30-60% 左右。而歐美與日本等先進國家的都市化率都已超過 80%。

馬來西亞主要都市都設有大型購物中心，消費水準和消費量逐漸增高。服務業已超越製造業，促進產業升級。隨著中小企業發達、就業機會增加，國民消費力增強，國內消費市場更加擴大。現在商品與服務稅（GST）稅率 6% 如果不再調漲，將更有利消費市場，尤其高級商品消費市場是值得注意的動向。同時馬來西亞的都市更是全世界伊斯蘭市場重要通關口，都市化率五年內可望提升 4%，都市化率對 GDP 占 51.5% 貢獻度。馬來西亞政府都市處社會福利住宅課，預定 2021-2025 五年內建設 3,600 萬戶社會福利住宅，改善都市宜居環境和生活品質，促進都市化率更進一步向上提升。

貳、馬來西亞實施馬來原住民優位政策「普米普度拉」（Bumiputera policy）

表 3　馬來西亞原住民優位政策主要內容

項目	內容
教育	以馬來語為國語，並為華人學校必修科目。大學依民族分配比例，馬來人 55%、華人 35%、印度人 10%。
就業	公司雇用依民族分配比例，馬來人 55%、華人 35%、印度人 10%。

項目	內容
居住	建設平價福利住宅供馬來人居住，馬來人可優先取得不動產購買折扣。
資本	原則上馬來人及馬來企業的 30% 股份須為馬來人持有。
融資	設定馬來人及馬來企業專屬的低利率融資制度。
資產	政府成立投資信託，協助馬來人累積資產。
其他	具有發展性的國營事業優先轉售給馬來人。

註：原住民優位政策保護對象包括非馬來人的少數民族。

資料來源：日本瑞穗綜合研究所，2019。作者譯並整理。

上述政策與經濟發展息息相關，在東協十國中屬特殊優惠扶助弱勢族群措施，爲創造馬來人就業機會，工業化產業別的 GDP 構成比仍然占 40% 之多。馬哈迪前總理任內積極引入外資投入製造業，錫礦產量全球第 10 位，天然橡膠產量全球第 3 位，棕櫚油產量占全球第 2 位，建立豐富的農業加工產品大量輸出大國的地位。放寬外資限制，引進大量外國觀光客，亦使近年來服務業的 GDP 占比不斷上升。

在輸出細項：電子、電氣機械等電子工業製品占全部輸出品的三分之一。尤其半導體產品成爲輸出的牽引主力，輸出國別依序爲香港、新加坡、中國、東協諸國和歐洲。輸入同樣以電子工業產品占 GDP 比 30%，輸入國別依序爲中國、東協諸國、香港、新加坡、歐洲，共占 50% 以上。馬來西亞以「電子立國」，在全世界從原料調度到生產運輸管理及行銷服務，皆位居重要地位。馬來西亞的原住民都在此經濟發展上享受到政策優惠的利益。

參、馬來西亞政府實施第11及12個馬來西亞計畫（Eleventh Malaysian Plan 2016-2020）

聚焦在六大重點策略，目的爲培育具有先進國家思維的國民和提升國民生活水準，增加國民所得：

1.「以人爲本的成長」期望提升生產力。

2. 創新產業領域。

3. 擴大中產階級人口。

4. 發展技能教育、培育人才。

5. 發展綠色科技產業。

6. 投資具競爭力的都市化。

肆、接續實施「第12次五年計畫」

2020 年馬來西亞進入中所得國家行列，改變經濟發展模式。「第 12 次五年計畫」最重要課題在於經濟發展方式的轉型升級，發揮科學技術潛力，促進優質和巨大的市場需求，改變經濟發展模式提升國民生活水準。對於地方政府追求經濟高成長，最優先在經濟發展方式轉型升級和持續經濟成長兩項政策。其政策內容包括：

1. 擴大消費。

2. 增強產業競爭力。

3. 振興複數都市圈中心地域。

4. 對外經濟實施互爲交流政策，繼續推動內部振興和製造業轉型升級。推動擴大消費、擴充社會保障制度、推進都市化，振興節省能源產業。從不同觀點改變經濟發展方式。在四大策略內，擴大消費、投資和輸出主導的經濟成長方式，成爲新的經濟成長引擎。

馬來西亞盼望 2025 年經濟成長（GDP）達 7%，人均國民所得達 12,000 美元。提高促進投資率，提升財政指標，增強國民消費力，擴大公共設施投資，加強公共設施基礎建設，擴大研發和人才培育，提升研發能量投資商品量化比例能力，促進產業升級轉型。

伍、馬哈迪政權下廢除消費稅與消費市場的現況

2018 年 6 月馬來西亞聯邦國會下議院通過廢除消費稅（Goods and Services Tax, GST，商品與服務稅）改爲 SST（Sales and Services Tax，銷售與服務稅）的新稅制。GST 與 SST 不同，除了課稅的標的是生活必需品外，SST 稅率是依產品別課 5-10%，而針對商品製造者課「服務稅」6% 的新稅制。

馬哈迪總理實施 SST 新稅制，引起財政歲出入增減的爭議。原本馬來西亞民間消費力堅強，係因受人口動態支持，並非單純從 GST 到 SST 轉移的因素，除受疫情影響造成馬來西亞經濟發展減速的可能，原來國家財稅收入亦並非完全靠 SST 稅補足。馬來西亞每年在財稅歲入部分，依靠國營石油公司的石油輸出，外匯收入相當豐盛。前納吉布總理政權，從 15% 的石油輸出稅增加到 30%，用來彌補國稅收入的不足。

現在馬來西亞消費市場展現三種消費特徵：

1. 中產階級人口往「富裕階層」移動，其特徵是「富裕人口」占全人口總數比例，自 2010-2020 年升高兩倍之多。期待至 2030 年（SPV2030）占比可達三分之二，經濟成長（GDP）目標 8%，人均國民所得達 15,000 美元，進入中高所得國家行列。

2. 普及耐久消費財以高附加價值商品爲主流。馬來西亞國民普遍持有個人信用卡，個人「小額信貸」相當普及，透過信貸購買耐久財，如汽車普及率已超過 70%。貸款期限長達九年，並降低每月分期付款之母利繳費負擔。利用貸款購買或更換具有高附加價值產品的市場需求持續成長。其中如日系家電：大型電視、電冰箱、洗衣機、高級吹風機等高端耐久消費財，都是熱銷商品，更是馬來西亞消費市場的第二特徵。

3. 日本商品一枝獨秀，一石二鳥的拓銷策略。日本將東京淺草「雷門」大燈模型，高掛於馬來西亞首都吉隆坡繁華區武吉免登（Bukit Bintang）七層高樓大型購物中心（Pavillion）入口處，日本榮光重現，

一如東京街道日夜吸引人山人海，帶來滾滾「錢潮」。走進街內兩側並列著壽司、天婦羅、壽喜燒、涮涮鍋等日式餐廳以及北海道及九州拉麵店、甜點店、咖啡廳、日用雜貨土產店、日本各式手工藝創意產品等，連日本人相當熟悉的「大創」和「山頭火拉麵」等店家都進駐開設分店，不僅吸引馬來西亞高所得人口前來消費，華人或歐美等外國觀光客也大多前來遊覽。從世界各國每年來馬來西亞的觀光客約 2,600 萬人次，接近馬來西亞人口 3,270 萬人口的另一個龐大的消費市場，大大為日本商品和服務的高品質宣傳，發揮日本傳統文化的魅力。除了馬來西亞人外，引起全球對馬來西亞觀光客的好奇，更吸引他們進一步到日本一遊。這是日本商人一石二鳥的拓銷商品和發展觀光的高招。日本企業近年急速進軍東協市場，橫跨電子產業，成立加工等製造業，以及超商零售業、電商物流、餐飲等服務業，甚至全力吸引東協來日的觀光客人潮，確實是臺灣新南向政策穩健布局東協、投入全球市場的最佳借鏡。（日本瑞穗綜合研究所，作者譯並整理，2019）

所以，臺商企業進軍東協必要通盤了解東協市場的利益與風險，才能洞悉局勢，坐穩商機，參與東協的大未來。

陸、馬來西亞中小企業的現況與未來

馬來西亞於 2013 年 7 月第 14 屆 NSDC 會議通過確認新的中小企業定義：「以服務業、製造業、農業、建設業、採石業等，全領域產業為對象。」馬來西亞的微型及中小企業現況，自 2016-2021 年穩定成長。2021 年總計有 1,226,494 家，占馬來西亞總企業數的 97.4%。與 2016 年微型及中小企業家數的 1,086,157 家比較，增加了 14 萬家以上，6 年間每年平均成長 5.2%（見圖 1）。中小企業是馬來西亞發展經濟技術革新中心的推手，促進經濟成長的重要驅動力。

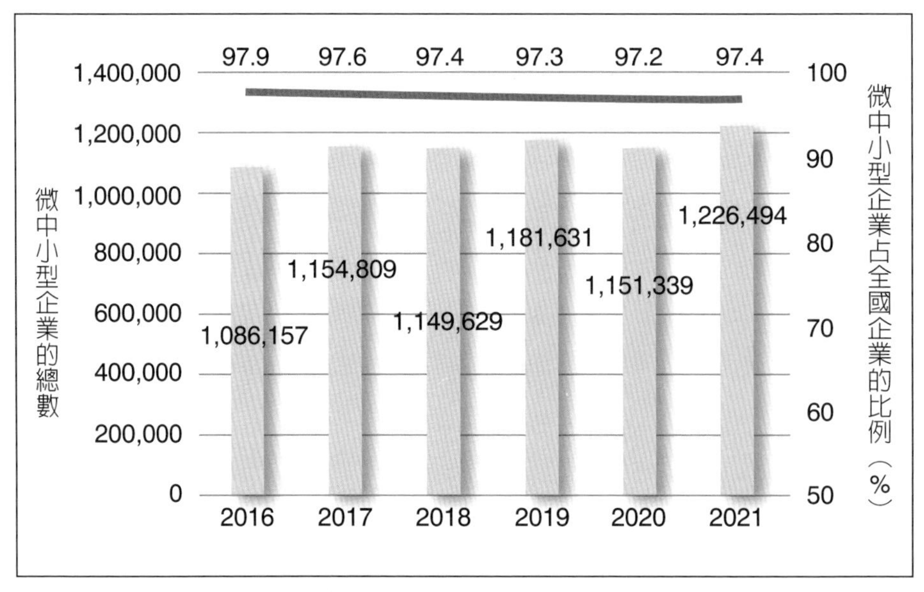

圖 1　馬來西亞微型及中小企業占總企業數比

資料來源：馬來西亞統計局（DOSM）統計事業登錄冊（MSBR），2021 年。

中小企業成為馬來西亞經濟發展焦點，服務業占微型及中小企業 83.8% 以上（1,028,403 家），其次為建設業占 8.0%（98,274 家），製造業占 5.8%（71,612 家），農業占 1.9%（23,633 家），其他 0.4% 屬於礦業、採石業，見圖 2。

就馬來西亞商業經營規模而言，顯然微型企業在中小企業構造上占最大比例，2016-2021 年微型企業增加了 15 萬家以上，每年平均成長率達 5.6%。以 2021 年構造比來看，微型企業占全部中小企業 78.6%（964,495 家），中小企業占 19.8%（242,540 家），其他占 1.6%（19,459 家）屬於中規模的微型中小企業，詳見圖 3。

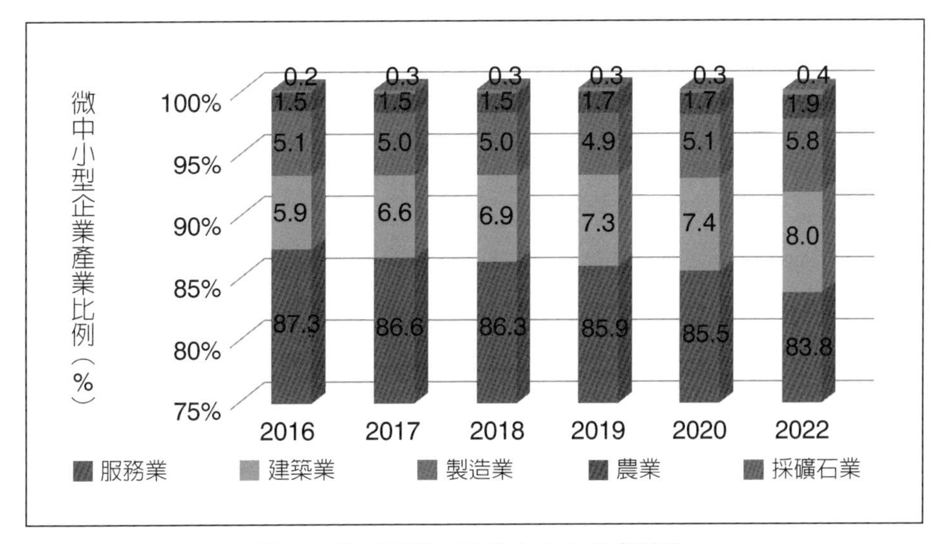

圖 2　馬來西亞各產業占中小企業數比

資料來源：馬來西亞統計局（DOSM），2021 年。

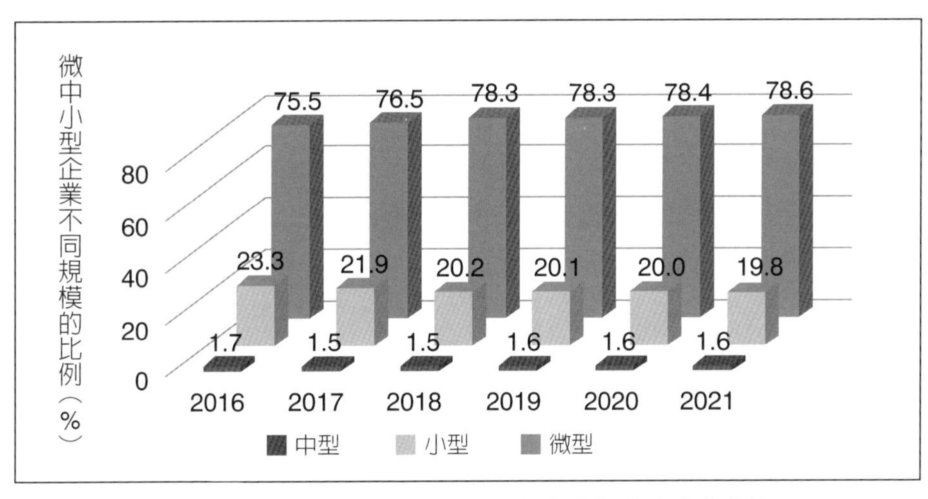

圖 3　馬來西亞微型及中小型企業占全部中小企業數比

資料來源：馬來西亞統計局（DOSM）統計事業登錄冊（MSBR），2021 年。

表 4　2020 年馬來西亞中小企業構造比及其貢獻度

（單位：%）

產業別	生產	雇用	輸出	貢獻度
農業	54	41.8	0.3	生產：農業、建設業、服務業最多。 雇用：服務業、建設業、製造業最多。 輸出：製造業最多。
礦業	3	28.3	-	
建設業	48.7	48.1	-	
製造業	34.5	46.5	9.4	
服務業	41	49.9	3.9	

註：本表說明從產業別的生產、就業、輸出中小企業的構造比及其貢獻度。

表 5　馬來西亞中小企業育成政策的變遷

1970 年代	1980 年代後半	2000 年以後	2001-2022
1. 提高族群所得水準（縮小民族間所得差距）。 2. 推動農村現代化，縮短族群所得差距。	1. 承包多國籍企業。 2. 推動工業化，製造業領域的中小企業。	1. 達成 2020 願景，尊重伊斯蘭思維的先進國。 2. 經濟發展的引擎。 3. 發展全領域產業。	1. 實踐 SPV2030。 2. 電子立國。 3. 轉型升級，國際化。

註：本表說明從 1970-2020 年代中小企業育成政策的變遷分析。

資料來源：ASEAN 全輯，日本財務研究所，2021 年，作者譯後補充、整理，2022 年。

柒、馬來西亞中小企業的金融政策

馬來西亞政府以中小企業為經濟發展主力，推動積極金融支援政策，其發展策略值得台商參考，分別說明如下：

一、中小企業的資金籌措辦法

(1) 銀行融資；(2) 企業自籌資金；(3) 開發金融機關；(4) 共同聯合

籌資；(5) 政府貸款或贈與；(6) 中央銀行特別基金（資金、公債）；(7) 向朋友、家族等借用；(8) 新創事業基金；(9) 專門提供企業產品輸出入貿易信用的銀行融資；(10) 技術開發機關的資金；(11) 其他。

二、政府提供資金給中小企業主要管道

(1) 開發金融機關；(2) 商業銀行；(3) 伊斯蘭銀行；(4) 其他，如：省廳及相關機關，州政府、信用保證機關等。

三、中央銀行以中小企業為對象的特別基金（資金、公債），見表 6

表 6　中央銀行以中小企業為對象的特別基金

基金名稱	設立年月	規模（百萬馬幣）
BNM's Fund for SMEs	2017/06	21.1
Bumiputera Entrepreneur Project Fund-i	2009/07	300

資料來源：Bank Negara Malaysia，2021。

2021 年中央銀行執行政府政策、重視對中小企業融資、因應 COVID-19 疫情，採取兩項特別措施：(1) 因應經濟狀況設置基金；(2) 透過開發金融機關、商業銀行及伊斯蘭銀行融資，給中小企業紓困。

2017 年 10 月馬來西亞納吉布總理政權編列 5,000 萬美元預算，宣布 2017 年爲發展「高端企業和中小企業」元年。其目的在全力支援高端企業和中小企業金融措施，茲分述於下：因中小企業對馬來西亞 GDP 貢獻度占比很高，2016 年占 36.6%，其中服務業占 21.8%，製造業占 7.9%，農業占 4.1%，建設業占 2.1%。因此，政府實施中小企業金融政策，建立各項制度，大力支援中小企業發展基金，對創新、科技、多元化中小企業，提供長期資金，使中小企業規模愈來愈多元，促使中小企業技術革新、轉型升級。

馬來西亞政府 2005 年 10 月就設立中小企業金融機關（SME Bank），針對製造業、服務業及建設業等特別提出書面企業計畫融資服務。尤其，針對微型中小企業向銀行貸款 1 萬元美金者，提供無擔保融資；於 2006 年引進「Pembiayaan Mikro」制度，並急速擴大規模，至 2016 年，十年間獲得貸款的微型中小企業有 200,970 家，2017 年融資額達 320 億美元，而此制度受到一般銀行採行，特別對初創期的微型中小企業幫助很大。

更早於 1992 年設立中小企業信用保證公司（The Credit Guarantee Corporation Malaysia Berhad），目的爲中小企業向銀行融資而無能力提出適當擔保物品時，就公司合理成本內由銀行提供信用擔保，協助中小企業擬訂信用保證計畫向銀行融資，並管理其營運業務，爲馬來西亞中小企業金融政策發揮了重要功能。

2010 年 10 月，馬來西亞政府設立中小企業信用資訊資料銀行（SME Credit Bureau）及馬來西亞銀行協會等，以後改稱「Credit Bureau Malaysia」，發揮信用資訊機關的功能，支援中小企業增加各種經濟活動機能，同時依據蒐集的信用資訊，提供銀行融資授信中小企業的質量規格做徵信之用，這項措施受到許多銀行肯定加盟採行。

從 2016 年馬來西亞銀行融資項目導向分析：家計導向、大企業導向、中小企業導向比例爲 6：2：2。2016-2017 年中小企業融資 18.5-20.2%。2016-2017 年中小企業導向銀行融資相對比高端企業高，2010 年 37.6%，2016 年升至 48.5%。其中，於 2016 年對中小企業導向的銀行融資核准額度提高達 77.3%。2017 年中小企業融資金額達 680 億美元，其中商業銀行占 73.5%、伊斯蘭銀行占 21.5%、開發金融機關占 4.7%、投資銀行占 0.3%。

馬來西亞中小企業籌資方法，除上述分析外，代替銀行發揮重大協助功能的主角是馬來西亞信用保證資訊公司，提供給馬來西亞股票交易所（Bursa Malaysia），中小企業向股票市場募資籌措資金比重上升，帶動企業全領域活力，純由銀行融資的方法開始轉變，替代銀行融資以外的方法重要性日益增高，企業活動 ICT 的功能日益增強外，高端企業啓動超越傳統企業，如電子電機化的家電產業因不斷技術革新，市場占有率急速提升。在銀行資金總量減少下，另一方式的智慧財產權的保障，對企業發展更加重要。

馬來西亞政府支援中小企業融資，開始從傳統型轉向高端科技型（電子電機科技型）新潮流，概括分析於下：

1. 從政府財源資金，提供科技型中小企業長期營運資金。但，僅限於馬來西亞人經營的企業，年利率高達 18%，籌資金額申請目標銀行放貸約 80-100%。

2. 從私營民間企業購入新發行股票，或運用創投資金，在資本市場爲中小企業籌措資金。

3. 從馬來西亞證券交易所，協助低成本富彈性規模的中小企業上場，促進中小企業資金籌措方法多元化。

4. 重視動產擔保融資策略，創造資產價值功能。債權交易、資金抛棄、智慧財產權等擔保多樣化，增加中小企業籌措資金的機會。

5. 運用債權買賣交易公司籌資，許多小公司專門經營中小企業，籌資較容易。尤其伊斯蘭銀行專對馬來人原住民優惠的中小企業，或經營清眞食品的中小企業。但其籌資比例目前尚低於 6%。

6. 擴大對中小企業技職教育支援資金，以科技型的技術當資金籌措手段，開發知識經濟，整合法令，建立金融科技體制，增加實際交易量，創新經濟成本領域的資金供給：

(1) 放寬法令限制，降低創新企業成本。

(2) 活用創新企業資訊，提高對中小企業信用資訊，增加提供資金，掌控中小企業信用風險。

(3) 加強中小企業金融管理，中央銀行與銀行業界共同統合對中小企業融資運用管理。

(4) 健全多樣化多功能融資擔保制度，育成保護無形資產智慧財產權的鑑定評價專家，針對企業與投資者，從研發到產品量化各階段提供建議。銀行和開發金融機構，提供資金和技術，協助中小企業創新研發。

(5) 發揮金融系統多功能，提供多樣化金融服務，活用多樣資訊技術，促進科技型中小企業發展。

依據世界銀行評鑑馬來西亞銀行，成人開戶平均值占比爲 81%，而全世界中所得國家的成人開戶平均值只占 61%，馬來西亞金融科技化整體進步比例，僅次於東協的新加坡。

馬來西亞國民身分證內列入相片和指紋的塑膠卡，發揮駕照、護照、健保、電子貨幣等多功能綜效。金融科技化，如還債決算系統高端科技化，促進使用電子化還債決算方法，對中小企業金融營運貢獻良多。尤其在未設置銀行分行的偏遠地區、中小企業的零售店（食品、飯店、加油站及將來特斯拉電動汽車充電站），利用當地小型郵局提供銀行業務服務，是另一種中小企業創新特色。

馬來西亞政府自 2019-2022 年爲防止新冠肺炎（COVID-19）疫情感染擴大，並緩和對經濟的影響，特編列總額 550 億美元追加預算，振興經濟、回復景氣。此項預算多數支付緩解因疫情限制國民活動導致的就業黯淡、消費減退及財政困境。其中，針對中小企業的振興，採取以下五項重大的金融支援對策：

1. 自 2020 年 4 月 1 日起 3 個月內，中小企業法人稅准予延期繳納。

2. 6 個月內免除人力資源開發基金融資限制。

3. 中小企業特別基金（長期低利貸款）增加 280 億美元。

4. 特別救濟基金（Special Relief Facility, SRF）融資制度對中小企業的分配額增加 100 億美元。

5. 全經濟領域基金（All Economic Sectors Facility）融資制度的分配額增加 150 億美元，放款最高利息，自 3.75% 降至 3.5%。

除上述外，中小企業在疫情未癒期間，也可以向中央銀行管轄下的馬來西亞政府基金中的三類融資機構融資營運：

1. 自動化和數位基金（Automation and Digitalization Facility, ADF）。

2. 農產品基金（Agrofood Facility, AF）。

3. 微型企業基金（Micro Enterprises Facility, MEF）。

捌、馬來西亞中小企業融資的效益

1. 中小企業育成的最高目標：

   (1) 提升馬來人原住民所得水準（縮小民族間所得差距）。

   (2) 中小企業肩負經濟發展主角任務。

2. 增加就業機會，擴大馬來人原住民的經濟活動。

3. 政府期待中小企業成爲技術革新、經濟發展和成長的推手。

4. 近年來，中小企業計畫應用預測方法的政策效益急速發展。中小企業金融效益計畫預測是爲了解決中小企業困難問題的「Self-Selection」，唯一選擇的方法。

5. 分析手法（技巧），利用預測方法從開發金融機關取得貸款的中小企業創造就業機會的效益。

6. 企業登記局採用操作數位方法蒐集中小企業資訊。

7. 公開資訊分析將不穩定、不均衡的數據經過「Paned」專家小組充分討論分析確定。

玖、馬來西亞中小企業金融今後的課題

1. 中小企業金融效益使用計畫預測方法計測的必要性。

2. 決定計畫時要先將效益計測列入。

3. 效益計畫要從客觀中立的立場出發。

4. 有將來性發展潛力的中小企業必須全力支援融資。
5. 具體檢討中小企業政策建議修正的課題：
   (1) 對馬來人原住民優惠政策不能偏顧過頭。
   (2) 與其縮小民族間所得差距，不如防止各民族內所得差距擴大。

展望未來馬來西亞中小企業的發展，將是東協各國馬首是瞻的望遠鏡，更將成爲馬來西亞發展經濟強壯的領頭羊。其發展和成長過程，在東協各國中，具有獨特的特色。首先是政府大力建立多種中小企業融資基金，尤其實施「普米普度拉政策」（Bumiputera Policy），讓馬來原住民申請銀行貸款利息低、期限長；對政府公營事業公司股票有優先購買特權；若產品屬於政府認證的清眞食品，更可以向伊斯蘭銀行申請優先融資，如申請融資 100%，最少都可獲得 80% 貸放。尤其馬來西亞地理位置正好是進入中東及北非各國地區清眞食品市場的入口，全球擁有 6 億伊斯蘭教徒的清眞食品消費市場，是東協他國所沒有的廣大優勢，對馬來西亞中小企業未來的發展和成長，如虎添翼。

第三節　馬來西亞經濟發展的現況與展望

2020 年 2 月馬哈迪總理辭職，慕尤丁繼任。馬來西亞經濟陷落，爲自 1998 年金融危機的負成長以後最大幅滑落。主因爲抑制新冠肺炎疫情擴大，限制國民移動，使個人消費和輸出大幅減退。其中占全部消費 60% 的個人消費降到 18.5%，與前期比，負成長達 20%。各家戶收入減少，除生活必需品外，全部零售業幾乎停業，又因外國觀光客大減，影響經濟最大。從產業別來看，占全體六成的服務業減少 16.2%。從個人消費來看，零售業、食品、飲料、住宿服務業成長率不到二位數。雖然資通訊、住宅勤務增加 4.9% 正成長，但製造業卻倒退 18.3%，特別是輸出產品大減影響經濟成長。

2020 年 5 月開始，馬來西亞經濟活動出現景氣緩慢回復傾向，但目前 2022 年 9 月仍看不到完全回復的景氣。2020-2022 年的當今，馬來西亞政府力求達成財政均衡穩定目標，其財稅收入三成來自石油銷售（包括國營石油公司股息權利金和石油出口稅）等。產業構造高度依賴石油產業，如果原油價跌，即帶來財政收支惡化。馬來西亞政府爲經濟發展推動勞力密集型產業，實施馬來原住民優位政策，限制外來人力，此一不公平因素引起外資投入的憂慮，影響投資意願，造成生產力不足，對經濟發展不利。

自馬來西亞標榜「Vision 2020」以來，雖深受疫情影響，但其 GDP 持續成長，國民人均所得繼續上升，希望接續執行「SPV2030」政策，目標爲 GDP 成長達 7%，躍進高所得國家行列。今後，馬來西亞經濟不會完全停留在傳統型產業發展的現況，將朝向產業轉型升級多角化經貿發展。因此，馬來西亞政府工業開發廳積極引進外資投入開發再生能源，朝向科技環保型產業發展。當今，馬來西亞深受全世界伊斯蘭注目的特色產業，除提供全球化「伊斯蘭金融服務」外，必經馬來西亞政府認證的「清眞食品」產業發展和供應也相當值得期待。當然，現在馬來西亞年輕世代，與其他新興國家相同，年輕消費族群一面倒向流行性產品風潮，利用 APP、AI 及資訊網路外，外送的市場消費型態因疫情流行不息，可能成爲消費市場的「顯學」。

綜上分析，展望馬來西亞政經發展的未來，綜結爲七大願景：

1. 馬來西亞經濟將持續創造高成長率。
2. 馬來西亞進入中所得國家區位，將邁向高所得國家行列前進。
3. 人口數量尙有成長的空間。
4. 宗教和民族間擴大的差距問題尙待解決。
5. 第三級產業發展迅速，服務業將超越製造業。
6. 貿易對象主要國家開始分散，以電子機器和石化燃料進行交易。
7. 新總理慕尤丁就任後，政局進入混沌尙待穩定。

從國際經濟觀察馬來西亞未來的經濟發展，令人隱憂的是政局混濁，不穩定性日漸升高。在野黨要求現任總理慕尤丁辭職，進行民選。讓外人擴大投資馬來西亞充滿不安，因政治風險帶來經濟不穩，必須繼續注意其未來的變化。

壹、馬來西亞未來重要發展——伊斯蘭金融產業

2020 年馬來西亞伊斯蘭銀行資金急速增加，提供之企業資金，占馬來西亞銀行總資金的 40%。理財專戶商品化急速成長，開戶存款理財專戶上升 12.2%。在金融制度革新中，中小企業債權拍賣都在網路上進行投標，授信借款信保資料都透過數位金融科技蒐集運用。伊斯蘭銀行總資產占馬來西亞全國銀行總資產 28% 之多，其放貸對融資培育中小企業人才和改善投資環境發揮良好功能。對促進中小企業創新研發、數位金融科技發展，提升產品的高附加價值貢獻良多。

伊斯蘭金融制度，已占居馬來西亞金融要津，發揮企業對存放款融資重要功能，發行伊斯蘭債券（Sukuk）規模已占全世界市場的六成。在首都吉隆坡設立頓拉薩國際貿易中心和伊斯蘭金融教育機構，爲馬來西亞未來經貿發展、經濟基礎建設、培育人才和創新研發奠定堅固基礎。

貳、馬來西亞持續開發的重要工業區：伊斯干達經濟特區

馬來西亞實施 2006-2020 年的 15 年長期開發馬來西亞伊斯干達經濟特區（Iskandar Malaysia）計畫，目的爲改善經濟建設與投資環境，吸取新加坡物流和金融機構機能發展觀光、開發社會福利住宅的經驗。今後 5 年馬來西亞要建設 356,000 戶平民住宅，改善居住環境，促進經濟成長。

參、清真食品

凡是伊斯蘭教徒入口的食品必須經過清眞認證（Halal Certification），由馬來西亞政府清眞工業發展機構（Halal Industry Develop Corporation, HDC）進行清眞食品認證後，方准許出口到中東及北非各國地區。其中，日本在馬來西亞當地製造的味精、養樂多的清眞食品，已進入中東及北非市場成爲生力軍。

由於吉隆坡首都商圈爲主的住宿和外食等服務商機不斷擴大，日本在馬來西亞生活市場一枝獨秀，又因 2022 年 9 月日圓貶值（1 美元 =144 日圓），航價便宜，日本文化魅力又能被馬來西亞觀光客接受，吸引大批馬來西亞和世界各國觀光客遊玩日本。其他大型服務業大賣場，如：永旺（AEON）收購家樂福，在東協各國增設百家分店（2020 年），馬來西亞成爲先進國家如日本的服務業消費市場。

肆、馬來西亞的中小企業將成為東協經濟發展的重鎮

受前總理馬哈迪實施「東方政策」（Look East Policy）的影響，馬來西亞政府曾派出許多留學生和中小企業專案研究生到日本研習，回國後成爲政府主管經濟發展的高級人才，積極推動工業化的製鐵、石油化學、水泥、製紙、機械機器、建設業、運輸機器、建築資材等，有些產業與外國企業合併，設立國營企業。除借重日本、韓國的經驗和技術當馬來西亞經濟發展的原動力外，現在實施的「東方政策」更進一步擴大地域走進「世界工廠」的中國，及廣大的東南亞各國，學習工業化技術和產品管理，促進馬來西亞經濟發展持續成長。有些人才則自行創業爲中堅企業家，對馬來西亞經貿發展貢獻巨大。

伍、公營企業民營化是馬來西亞沒完沒了的經濟發展之路

馬來西亞公營企業民營化經濟政策的強力大轉變，起因於利用石油輸出收入外匯資金設立國營企業，因經營效率惡化，貪汙腐敗蔓延，又未能培育出「普米普度拉」企業家，經營方式仍然脫離不了國家資本主義框架，負債累累。尤其員工的生活觀念和服務態度，都難使顧客接受滿意，利用傳統官僚管理，而非現代化企業經營。公營企業已經惡化到非大力改革，將影響政權的危機。

馬來西亞早在 1983 年公布民營化的計畫。1986-1990 年實施馬來西亞第五次計畫，依經濟競爭原理開始實施民營化，同時在工業化過程，培育「普米普度拉」民營化的企業家，承擔民營化企業的經營。筆者於 2000 年代兩次參加馬來西亞國際學術論壇，並實地考察研究馬來西亞實施國（公）營企業民營化的政策背景，在「西方政策」深受 1900 年代英國前首相柴契爾（Margaret Hilda Thatcher）民營改革成功影響，柴契爾主張英國復興、擴大民營化、減免直接稅、公司股票大眾化、成為「英國的鐵娘子」。在「東方政策」深受日本前首相小泉純一郎實施民營化成功的鼓勵，小泉推動郵政改革與郵政儲金民營化、國家鐵路、公路民營化、不良債權改革、金融系統改革等，企業經營自由化市場機制，官、民分開，分配均衡的新資本主義的效率化思潮。馬哈迪實施東方政策時曾參考日本股份公司制度，成立馬來西亞股份公司（Malaysia Incorporated），開拓馬來西亞民營化之路。國（公）營企業民營化於 1990 年代逐步展開，同時實施保護馬來人「普米普度拉」企業經營者 30% 的持股比例權益。

未來除非馬來西亞政府放棄保護馬來人經營優位的政策，否則，民營化是馬來西亞未來經濟發展必走的大道。

參考文獻

1. 臺灣駐馬來西亞代表處經濟組，馬來西亞投資發展局。2022年6月30日，取自網址：https://www.roc-taiwan.org/my/post/14352.html。
2. 馬凱碩、孫合記，2017，《解讀東協》，遠流出版。
3. 童靜瑩，曹茹蘋，崔立潔合譯，2019，《圖解聚焦東協》，易博士文化出版社。
4. 三木敏夫，2005，《ASEAN先進経済論序説－マレーシア先進国への道－》，現代圖書。
5. 日本貿易振興機構，マレーシア2020 Vision。2019年6月1日，取自網址：https://www.jetro.go.jp。
6. 日本貿易振興機構，マレーシア2030 SPV。2021年1月1日，取自網址：https://www.jetro.go.jp。
7. 日本瑞穗綜合研究所，2016，《圖解ASEANを読み解く》，東洋經濟出版社。
8. 伊藤真利子，2019，《郵政民営化の政治経済学－小泉改革の歴史的前提－》，名古屋大學出版會。
9. 清水聡，2018，〈マレーシアの金融システムにおける変化－フィンテックと中小企業金融を中心に－〉，《環太平洋ビジネス情報》。
10. 黒柳米司、金子芳樹、吉野文雄，2019，《ASEANを知るための50章》，明石書店。
11. 渡辺美紀子譯，1993，《マーガレット,サッチヤー》，彩流社發行。
12. Nay bank, 2018, Annual Report. Retrieved from: https://www.dosm.gov.my.
13. World Bank, 2017, “Financial Inclusion in Malaysia: Distilling Lessons for Other Countries.” Retrieved from: https://www.smecorp.gov.my.

Chapter 3

臺商在馬來西亞的投資現況分析

丁重誠*

第一節　馬來西亞的投資環境

第二節　臺商在馬來西亞的投資

第三節　臺馬產業合作領域綜合分析與結論

* 美國西太平洋大學企管博士，現任馬來西亞臺灣商會聯合總會名譽總會長。

第一節　馬來西亞的投資環境

壹、馬來西亞的自然與人文環境

馬來西亞位處東南亞的中心點，鄰近赤道，有豐富的熱帶雨林，風景宜人，四季如夏，且沒有颱風和地震等天災，是宜居國家。馬來西亞是農業和自然資源的出口國，石油是最值錢的出口物資。它曾是錫、橡膠和棕櫚油的世界最大生產國，2022 年馬來西亞的棕櫚油產量全球排名第 2 位、橡膠產量全球排名第 3 位、錫礦產量全球排名第 10 位。近年來馬國政府爲了減少對出口的依賴，積極推動旅遊業。因此，旅遊業已成爲馬來西亞的第三大外匯收入來源。

臺灣習慣稱馬來西亞爲「大馬」，它分成西馬（有 11 個州）與東馬（沙巴及砂拉越），土地面積 33 萬平方公里，人口有 3,270 萬，其中華人 780 萬，約占 24%，華文教育盛行，華語很普遍，並且有很多留臺生，生活環境與臺灣差不多，臺灣人生活在馬來西亞，沒有出國的感覺，因此吸引很多臺商到馬來西亞投資。

貳、馬來西亞的經濟與外人投資概況

一、馬來西亞的經濟概況

經貿透視雙週刊指出（2022），根據馬來西亞中央銀行（Central Bank of Malaysia）發布資料顯示，2020 年經濟成長率爲 -5.6%，然而 2021 年經濟成長率爲 3.1%；其中以製造業 9.5% 表現最佳，其他依序爲服務業 1.9%、礦 0.7%、農業 -0.2%，營建業則衰退 5.2%。

根據專業數據統計機構國際貨幣基金（IMF）2021 年全球各國人均 GDP 排行報告，馬來西亞平均國民所得 2020 年約 10,231 美元，2021 年約 11,125 美元，增速比 8.7%，馬來西亞平均國民所得於世界排名第

69 位；而 2021 年國內生產總值約 3,725 億美元，全年上升 3.1%。2020 年馬來西亞在「彭博新興市場」排名第 5；世界銀行經商報告「東協經商容易度」排名第 2；世界經濟論壇全球競爭力報告，在東協國家中排名第 2 名。駐馬來西亞臺北經濟文化辦事處經濟組（2022）的報告，馬來西亞產業發展聚焦投資在 5 個重點產業，依序爲：農業、採礦業、製造業、建築業及服務業。馬來西亞的產業發展自 1980-2021 年 6 月主要投資產業包含：電子、石油產品、基礎金屬產品、醫藥、運輸設備、非金屬礦物產品、食品加工、紙類、印刷和出版、纖維金屬產品、橡膠產品、機械和設備、天然氣、木材和木製品、塑膠製品、紡織和紡織品、科學和測量儀器、家具和夾具、飲品和菸草、皮革和皮革製品等。投資案件共 32,719 件，提供 3,589,134 人就業機會，其中國內投資 180,398 百萬美元，外國投資 241,306 百萬美元，總投資額 421,704 百萬美元。

駐馬臺北經濟文化辦事處經濟組（2022）也對馬來西亞的投資環境分析，認爲馬來西亞市場有很大的潛力，吸引外資紛紛選擇到馬來西亞投資之原因爲：(1) 開放的投資政策；(2) 自由的商業環境；(3) 完善的基礎設施；(4) 和諧的工業關係；(5) 優質的生活；(6) 智慧財產權保護；(7) 政治經濟穩定；(8) 地域優勢。

二、外商在馬來西亞投資概況

馬來西亞自 1986 年開放以來，吸引很多外資投入，尤其在製造業、服務業及原產品產業。根據馬來西亞投資發展局（MIDA）發布之統計資料顯示：2020 年共核准 4,599 項製造業、服務業及原產品產業投資計畫案，總投資金額約 398 億美元，較 2019 年衰退 22.3%；其中國內投資金額約 242 億美元，占總投資額 60.8%；外人直接投資金額約 155.8 億美元，占總投資額之 39.2%，共創造 101,382 個就業機會。

中華民國經濟部國貿局公布，馬國 2020 年出口主要產品的項目，見表 1。

表1　2020年馬來西亞出口主要產品

（單位：億美元）

項目	出口額
清真食品、飲料	42.23
清真原物料	21.4
化妝品、個人護理	6.48
棕櫚油衍生產品	2.16
工業化學品	1.14
清真藥品	0.73

資料來源：貿易全球資訊網，2021。

出口產品中清眞食品與飲料是馬國清眞經濟的主要貢獻來源，而2020年馬國清眞產品前五大出口額國家，分別爲：新加坡9.95億美元；中國8.35億美元；美國4.2億美元；泰國3.59億美元；印尼3.25億美元。

三、馬來西亞工業4.0產業發展

馬來西亞工業4.0產業發展聚焦在12大類具潛力的產業，分別爲：服務業、金屬業、製藥業、運輸業、紡織業、汽車業、航太業、化學業、電子電機業、機械設備、食品加工業及醫療器材。該政策在2025年，或在2025年之前，能讓馬來西亞成爲高科技產業的生產基地。其目標爲：

1. 製造業高技能的勞工比例從18%提升至35%。

2. 製造業的人均生產力，從目前的106,647馬幣，往上再提升30%。

3. 製造業總體產值從2,540億馬幣，提升至3,920億馬幣。

4. 全球創新指數排名從35名提升至前30名。

第二節　臺商在馬來西亞的投資

壹、臺商在馬投資歷程

追溯臺商早期到馬投資，馬來西亞臺商聯合總會創會總會長洪榮民自 1967 年抵馬，距今已有 55 年。從 1986 年馬來西亞開放外資以來，臺灣商人赴馬投資明顯增加，之後又因為臺灣人工短缺、設廠成本高加上原料取得及關稅優惠等因素，使大量廠商赴國外投資，大馬因而成為很多人的首選，臺商至馬投資於 90 年代前期達到巔峰，1990-1994 年臺灣成為馬國最大外資來源國。後來由於越南、中國大陸、印尼等國競相爭取外資，且馬國面臨勞工短缺、工資上漲等問題，90 年代後期臺商在馬國投資逐漸衰退；然而這幾年政府推動「新南向政策」持續鼓勵臺商赴東南亞投資計畫，臺商到馬投資逐漸見好成果。

目前馬來西亞臺商聯合總會下有 7 個分會：分別位於吉隆坡、檳城、吉打州、霹靂州、馬六甲州、柔佛州及東馬區，約有 550 家會員。臺商在馬來西亞的投資，可分三個時期：

1990-2000 年時期：此時期來馬投資大多數是勞力密集的中小企業，帶進很多臺灣技術及管理經驗，除了自己事業經營成功，也幫馬來西亞提升了工業水準，為馬來西亞經濟成長做出巨大貢獻。可惜好景不常，馬上面臨勞工短缺的問題，大馬政府的外籍勞工政策又始終不穩定，加上 1998 年的金融風暴對臺商造成很大的衝擊，因此，馬來西亞很多勞力密集的工業轉進到中國及越南等地投資。

2001-2010 年時期：由於勞工短缺問題，這期間來馬投資的勞力密集產業減緩了，只有高科技產業適合，但原有的臺商經營績效都非常好，在此期間在馬來西亞掛牌上市的臺商約有 50 家。

2011-2020 年時期：馬來西亞逐漸邁入開發中國家，國民所得逼近 10,000 美元，消費能力大大提高了，因而引進很多服務業，臺商把臺灣的優質服務文化及文化創意產業和產品，陸續轉移到馬來西亞，並且在馬占有絕大多數的市場。

現在臺商在馬來西亞的投資總額約 140 億美金，是外國投資的第七大投資國，雙邊貿易額也高達 240 億美元，臺灣同時也是馬來西亞第七大進口國和出口國。目前臺馬之間的貿易交流非常活絡，而民間實質關係非常友好，未來臺馬經貿發展可望更密切寬闊。

自1980-2021年6月馬來西亞產業發展主要外資來源國，詳見表2。

表 2　馬來西亞產業發展主要外資來源國（1980-2021.6）

國家	件數	雇用人數	投資金額（百萬美元）
日本	3,638	468,992	34,480
美國	1,245	294,717	33,706
新加坡	4,873	559,068	32,586
中國	592	99.302	20,104
紐西蘭	382	80,526	15,932
南韓	602	79,564	14,436
臺灣	2,568	385,854	13,954
德國	626	68,891	12,967
澳洲	562	39,253	7,531
香港	809	156,597	6,871

資料來源：中華民國駐馬來西亞臺北經濟文化辦事處經濟組，2022。

根據經濟部統計，2020 年臺商在馬來西亞投資 20 件，金額約 1.89 億美元，居馬國外來投資第 13 位。截至 2020 年止，臺商對馬投資累計總金額達 138.2 億美元，投資件數計 2,562 件，臺灣爲馬來西亞累計外來投資第 8 大國。今進駐馬國投資的臺商 80% 以製造業爲主，出口產品包括三夾板、半導體和機械設備等，近兩年因疫情的肆虐，臺商願意再投資馬的主要項目，主要是和防疫用品或藥劑業有關的領域。

貳、臺馬經濟合作

綜觀臺馬經濟合作委員會（MTECC）貿易工作小組報告指出：「近年來臺馬產業合作的領域，包含了清眞食品產業、電子商務、貿易便捷化、生物科技及食品安全等各領域的產業合作。」中小企業工作小組報告指出：「目前臺馬產業合作的領域，聚焦工作的重點在電子商務（E-Commerce）、創業加速器（Startup Booster）及中小企業政策領袖計畫（SME Leadership）。」投資工作小組報告指出：「臺馬產業合作投資集中在工業 4.0、清眞藥品、產業合作和循環經濟。」

臺馬除了長期經濟合作、產業合作外，同時也積極舉辦臺馬產業的高峰論壇，如智慧城市（Smart City）、資訊服務（IT Services）、紡織品（Textile）、化妝品（Cosmetics）、食品（Food）、藥品（Pharmaceuticals）等，協助更多臺商快速、準確、有效益的在馬來西亞投資。

第三節　臺馬產業合作領域綜合分析與結論

壹、臺馬產業合作領域

駐馬來西亞臺北經濟文化辦事處為了提高臺商在馬的交流與投資，舉辦「馬來西亞臺灣形象展」，希望能完整展現臺灣軟硬實力，同時超過上千場的線上洽談會，吸引了約 200 多家臺灣及馬國廠商共襄盛舉。臺馬產業合作領域大都集中在幾個主軸：資通訊、綠能、醫美、時尚生活、觀光、清眞產業及工業 4.0 等產業。

一、臺馬雙邊貿易概況

根據中華民國財政部及駐馬辦事處經濟組彙整 2020 年雙邊進出口產品和金額，詳見表 3。

表 3　2020 年臺馬雙邊進出口貿易主要產品及金額

（單位：百萬美元）

排名	名稱	進口總額（百萬美元）	成長比（%）	排名	名稱	出口總額（百萬美元）	成長比（%）
1	處理器、控制器	2,709	-13.29	1	其他積體電路	3,971	20.03
2	其他積體電路	1,233	48.41	2	記憶體	559	113.25
3	計量或檢查半導體晶圓、裝置儀器及器具	637	40.09	3	丁二烯橡膠、乳膠	519	156.09
4	燃料油	344	101.87	4	處理器、控制器	477	34.97
5	記憶體	284	60.22	5	其他柴油	466	712

資料來源：中華民國財政部、中華民國駐馬來西亞臺北經濟文化辦事處經濟組，2022。

根據 2022 年 1 月中華民國駐馬來西亞臺北經濟文化辦事處經濟組提供，2000-2020 年臺馬雙邊貿易進出口額統計，如圖 1。

（單位：百萬美元）

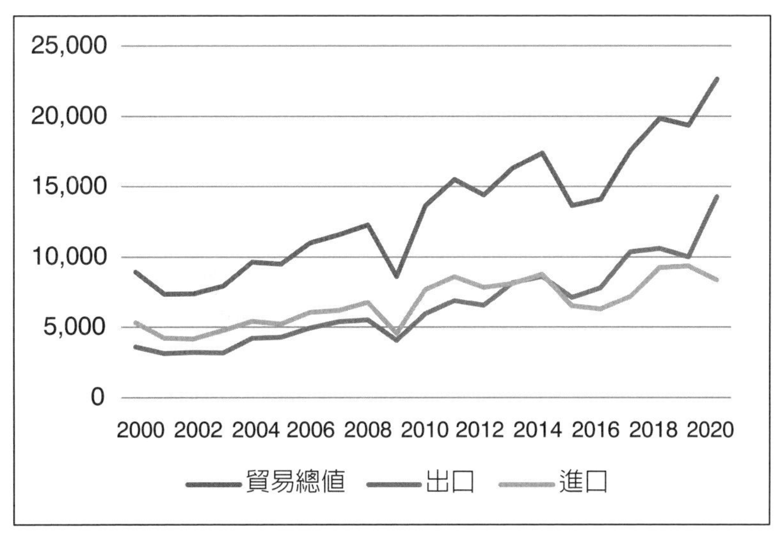

圖 1　2000-2020 臺馬雙邊貿易進出口額統計

資料來源：中華民國駐馬來西亞臺北經濟文化辦事處經濟組，2022。

二、臺灣製造業投資馬來西亞概況

2020 年 8 月《工商時報》統計，東協臺商 1,000 大名單中，馬來西亞就有 171 家，在東協國家排名第二。馬國整體臺商營收 4,327.88 億元，排名第四；稅後淨利 88.67 億元，爲臺商投資新南向國家中第二個選項。

根據馬來西亞投資發展局發布，2020 年臺商赴馬投資案共 20 件，總金額 188.78 萬美元，於外資投資馬來西亞的排名中占第 13 名。臺商主要投資的產業包括：家具、紡織、木材、電子、電機及金屬製品。從 1980 年到 2021 年 6 月，臺商赴馬投資累計共 2,568 件，有 1,700 家企業，總投資額已累計到 13,954.34 萬美元，占外資投資馬來西亞排名的第 5 位，綜觀臺商在馬來西亞投資主要的地區包括：馬六甲州、檳城州、柔佛州、雪蘭莪州及吉打州。

三、馬來西亞已核准的臺灣投資項目

2016-2021 年馬來西亞已核准的臺灣投資項目數據，見表 4。

表 4　2016-2021 年馬來西亞已核准的臺灣投資項目數據

年分	項目數量	雇用員工數	投資額（百萬美元）
2016	23	2,209	135.5
2017	20	2,001	186.1
2018	18	1,393	163.9
2019	28	3,642	1,280.2
2020	20	1,831	188.8
2021	6	663	132.8

資料來源：馬來西亞投資發展局，作者整理。

從 1980 至 2021 年 6 月臺馬產業合作領域上，馬來西亞已核准臺灣製造業投資的五大類別。分別爲：

1. 電子和電氣產品 869 件；投資額 4,751 百萬美元。
2. 基本金屬製品 102 件；投資額 2,195 百萬美元。
3. 紡織品和紡織產品 158 件；投資額 1,558 百萬美元。
4. 化學與化工產品 148 件；投資額 964 百萬美元。
5. 金屬製品產品 211 件；投資額 897 百萬美元。

四、在馬來西亞主要的臺灣企業

1966 年臺商洪榮民在吉隆坡設立大榮製鋼（馬）有限公司，成爲在馬來西亞的第一家臺資工廠，1986 年臺商在馬來西亞的投資逐漸增長。近年來，我國政府推動「新南向政策」，鼓勵臺灣企業前進東南亞投資，由於馬來西亞有較高的勞工素質，當地基礎設施較完整，加上政府提供外資優厚的獎勵，因此吸引臺商大規模到馬來西亞設廠投資，目前在馬國主要的臺灣企業，詳見表 5。

表 5　在馬來西亞主要的臺灣企業

公司名稱	產業
日月光半導體	電子和電子產品
中鋼	製造金屬產品
聯成化學	石油產品
維納斯陶瓷工業	製造金屬
大連化學工業	化工產品
和泰電子	電子和電子產品
永信藥品控股	製藥產品
環泰企業	食品製造
宏森木業	家具和夾具
遠東集團	塑膠產品

資料來源：中華民國駐馬來西亞臺北經濟文化辦事處經濟組，2021。

五、臺商在馬近期主要的大型投資概況

根據中華民國駐馬來西亞臺北經濟文化辦事處經濟組彙整（2021），近期臺商在馬來西亞主要的大型投資概況，詳見表 6。

表 6　近年臺商在馬來西亞主要的大型投資概況

公司	投資概況	產品／產業
緯穎科技	在柔佛州設立資料中心伺服器組裝廠，是緯穎第一個自有的亞太生產據點。	伺服器組裝廠
	將帶動馬國產業轉型升級。	
永聯物流	在雪蘭莪州開發智慧物流解決方案，開發多層式、自動化技術整合的智慧倉儲平臺。	智慧物流解決方案
	協助馬國產業智慧轉型。	

公司	投資概況	產品／產業
信義房屋	東馬沙巴州環灘島建造豪華生態旅遊渡假村。 將環灘島變成零碳排放及永續經營的環保度假中心。	旅遊業
誠品書店	在吉隆坡市中心設立東南亞第一間分店，販售書籍、提供餐飲、咖啡及文化市集等。 展現創意及藝文之平臺。	書店及文化推廣
緯創資通	雪蘭莪州巴生港區購買土地，建智慧音箱製造中心。	智慧音箱製造中心
上緯國際	柔佛州設立環保耐蝕樹脂產品工廠，並已落成啓用。	樹脂／化工
長興化工	柔佛州設合成樹脂與不飽合聚脂樹脂廠，2018 年已營運。	樹脂／化工
和泰電子	在檳城投資興建電子產品二廠，2019 年已營運。	電子製造服務／電子
視陽光學	增設二廠擴大產能。	隱形眼鏡製造
英業達	在檳城州 Bayan Lepas 工業區建置新廠，主要生產智慧手錶、智慧音箱。	電子製造服務

資料來源：中華民國駐馬來西亞臺北經濟文化辦事處經濟組，2021，作者整理。

貳、臺商在馬投資的建議與結論

政府、學界、產業界或是已在馬來西亞的臺商，都給予預計赴大馬投資的商人很好的投資建議，彙整如下：

一、當地臺商對馬投資的建議

本文作者曾擔任馬來西亞臺灣商會聯合總會總會長，今以我在馬來西亞經商多年的經驗，對臺商至馬國投資的產業，提出觀點和建議：

1. 高科技的半導體產業：馬來西亞是半導體晶片的輸出大國，產業鏈非常完整，臺灣正面臨供電不足之虞，大馬的電價跟臺灣差不多，不失爲投資的最佳選擇。

2. 電商及服務產業：大馬電商及服務產業正蓬勃發展，這正是臺灣的強項，現已有相當多的投資人進駐，雪蘭莪州政府已成立了電商發展服務中心，可爲投資者提供辦公室租借及各項准證申請服務，尤其工作准證的申請，將帶給臺商極大便利。

3. 精緻農業產業：大馬幅員廣闊，氣候宜人，可惜農業發展比較靠天吃飯，沒有改良研發，臺灣的精緻農業舉世聞名，如果能帶技術進軍大馬，必定有很大發展空間。

4. 養殖產業：大馬的海岸線很長，國際的漁業合作也很密切，可惜捕魚設備及技術都不佳，又缺乏保鮮知識和設備，冷鏈及運輸配送不發達，養殖業不夠成熟，也不會培殖魚苗，如果臺灣的技術及資源移植到大馬，相信也是大有可爲的投資。

二、政府對臺商至馬投資的建議

1. 駐馬來西亞臺北經濟文化辦事處經濟組（2021）指出：馬來西亞有完善的基礎設施、良好政府體系和外匯、政治一向維持穩定、政府有好的招商引資政策和獎勵，所以成功吸引外資投資。

2. 中華民國經濟部國貿局（2022）對臺商至馬來西亞投資產業型態和產品項目的建議：(1) 電子商務；(2) 清眞產業；(3) 電機電子業；(4) 醫療產業；(5) 工業 4.0 政策相關潛力產業。

三、臺商在馬投資的結論

1. 馬來西亞中央銀行宣布，自 2021 年 4 月 15 日起推出 5 項放寬出口商外匯管制措施，對增強馬國在全球供應鏈的地位以及吸引更多外人直接投資（FDI）有利，未來馬來西亞仍然是臺商投資東南亞的重要夥伴國。

2. 臺商爲了落實中華民國政府大力推動的「新南向政策」，除了協助政府加強雙邊經貿交流外，持續促成中馬教育及文化的交流。大馬到臺灣的留學生語言能力強，在臺灣接受教育及文化的薰陶數年後，大多數都能認同且愛臺灣，畢業返馬仍能支持臺灣。

3. 留臺生若能響應臺灣政府育才、留才、攬才的計畫，願意留在臺灣，臺商也算間接爲國家培育許多人才，這個投資應是非常值得的。

4. 根據財訊林苑卿（2022）最新統計，2018 年至 2021 年上半年，全球對「新南向」7 個主要國家的投資金額達 5,814 億元，已超越對中國的 5,029 億元，東協國家正取代中國，成爲全球另一供應鏈中心。

5. 臺灣於 2016 年提出「新南向」政策以來，臺商赴「新南向」國家投資金額快速增長。根據投審會最新統計，2021 年前 11 個月，臺灣對東協國家的投資，占對全球投資比重超過 37%，已首度超過對中國投資的 34.6%；東協已經取代中國，成爲臺商最新的海外投資地和投入金額最大的市場。

6. 在美中經貿戰爭下兩大經濟體的經貿關係發生巨變時，全球供應鏈正在加速重組，東協的角色更加突出。早期搶先布局「新南向」市場的臺商，其投資效益也正日漸顯現。臺灣的「新南向」政策，目前亦逐步進入收割期，預見將來能爲臺商企業的成長注入新活力和新動能。

參考文獻

1. 中華民國經濟部／駐馬來西亞臺北經濟文化辦事處經濟組，2021，〈馬來西亞最新商情〉。
2. 中華民國經濟部／駐馬來西亞臺北經濟文化辦事處經濟組，2022，〈馬來西亞2021年經濟成長率為3.1%〉，《經貿透視雙週刊》，590期。
3. 中華民國經濟部／駐馬來西亞臺北經濟文化辦事處經濟組，2022，

〈馬來西亞經貿情勢簡報〉。

4. 林苑卿，〈科技業大南遷1 新拐點來了2021年臺商投資東協金額 首度超越中國〉，財訊，650期。2022年1月12日，取自網址：https://www.wealth.com.tw/articles/40d0aa4a-ad00-4cb6-8d91-5fbebeb13811。
5. 貿協全球資訊網，〈馬來西亞投資環境分析〉。2022年7月7日，取自網址：https://www.taitraesource.com/total01.asp?AreaID=00&CountryID=MY&tItem=w02。

Chapter 4

中國與馬來西亞經貿關係的發展與前景

許淑敏*

* 中國南開大學管理學博士，現任環球學校財團法人環球科技大學董事長、中華民國私立學校文教協會理事、財團法人私立學校興學基金會董事、財團法人雲林縣文化基金會董事、世界華人工商婦女企管協會大臺中市分會會長。

第一節　中馬政經關係

馬來西亞投資指南（2020）指出：馬來西亞是東協核心成員國之一，也是「77 國集團」和不結盟組織的創始成員國，目前已和 131 個國家建立邦交，於 85 個國家設立 110 個領事館。中馬兩國於 1974 年 5 月 31 日正式建立外交關係，建交後雙邊關係總體發展順利。馬來西亞是第一個邀請中國參加東亞峰會和加入「10 加 1」的國家，第一個與中國建交的東協國家，雙邊貿易穩定發展。近年來，中馬雙邊貿易額一直保持約 1,000 億美元的規模。2020 年中國已成為馬來西亞最大的貿易夥伴國、第一大進口來源地及第二大出口目的地，中馬有著長期友好的外交經貿關係。

壹、中馬外交關係回顧

一、「戰略性合作」到「全面戰略夥伴」關係（2013-2017 年）

萬鵬等（2013）報導，2013 年 10 月 6 日馬來西亞最高元首阿布都．哈利姆蘇丹、納吉布總理與中國國家主席習近平，於吉隆坡舉行會談，雙方高度認同中馬關係發展，同意將中馬「戰略性合作關係」提升為「全面戰略夥伴關係」，深化各領域友好交流與合作，推動中馬關係取得新發展。且雙方互設領事館，加強兩國民間往來和地方合作。同時簽署了《中華人民共和國政府與馬來西亞政府經貿合作五年規劃》（2013-2017）明確了雙邊貿易發展路線圖和貿易新目標。2014 年中國和馬來西亞將慶祝兩國建交 40 週年，並確定為「中馬友好交流年」，中國－東協戰略夥伴關係在維護地區和平與穩定的發展上取得巨大成就。2015 年 11 月李克強總理訪馬，為兩國經貿合作注入新動力，中馬雙方發展理念相通、發展戰略契合，穩步推進全方位互聯互通建設，簽訂關於進一步推進中馬經貿投資發展的合作計畫、關於加強產能與投資合作的協定，使得經貿投資合作實現突破性發展，而金融領域合作的成果豐碩，重大合作的項目亦穩步推進。

二、「經濟互補」共推「重點項目」（2018-2022 年）

中馬兩國有深厚淵源，一向是相互信任和支持、合作共贏的可靠夥伴。新浪財經徐荃樂（2021）報導，自 2020 年 11 月中馬簽署《中華人民共和國政府與馬來西亞政府關於疫苗開發和可及性的合作協定》。該協定是新冠疫情爆發以來，中國政府與外國政府簽訂的第一個政府間疫苗合作協定，啓動了兩國在公共衛生領域的合作，在中方倡議共建的「健康絲綢之路」上兩國在醫療防疫物資互相支援，加強防疫控制訊息的分享、疫苗生產和研發等合作。其中，中國政府捐贈馬方醫療用品，並派醫療專家團隊分享應對疫情的經驗；馬來西亞也捐贈 100 萬美元、1,800 萬個醫用橡膠手套和 15 噸的食品，體現了中馬對疫情的承諾。

據新華網馮濤（2022）報導，中馬 2022 年 1 月 21 日的北京會談中，中國全國人大栗戰書委員長表示，中馬關係向來友好，兩國應共同務實的推進各領域合作，創造雙方人民更多福祉，提出「深化學習、加強法制建設、減貧發展、現代農業」未來合作的四大方向。更明白指出其重點在：(1) 鞏固戰略互信；(2) 拓展抗疫合作；(3) 共推「兩國雙園」、「東鐵」等重點項目的合作，以《區域全面經濟夥伴關係協定》生效爲契機，促進區域經濟的一體化；(4) 在旅遊、文化、體育等人文領域互相合作交流；(5) 在全球產業鏈供應中，中馬經濟優勢互補，在機械、能源和半導體等領域廣泛合作。馬來西亞愛資哈爾議長也表示：馬來西亞高度重視對華關係，會不斷拓展兩國各領域的互利合作，並感謝中國在抗疫和水災中給予馬方的支持，馬國願加強中國的友好關係、治國理政經驗交流和深入發展全面戰略夥伴關係。

貳、中馬經貿關係回顧

1997 年馬來西亞在亞洲金融風暴中，金融體系重創，1998 年馬國政府實施固定匯率制，嚴格管制外匯。2005 年政府實施浮動匯率制，外匯管制措施大幅放寬，爲外國投資者營造了良好的環境（Youths Today, 2019）。近年來中馬兩國金融合作成效顯著，經貿合作快速成長。2010 年初，中國東協自由貿易區全面啓動，中馬雙邊貿易加速發展；2011 年中馬貿易逆差最爲嚴重；2013 年中馬進出口總額突破 1,000 億美元的大關；2014 年全球經濟危機爆發，故 2014-2016 年間中對馬進出口總額均出現負成長；2015 年貿易逆差最小；2017 年隨著經濟的復甦，中馬進出口總額再次呈現負成長；2018 年中馬雙邊貿易額占馬來西亞全年進出口總額的 16% 多。

一、中國與馬來西亞經貿關係

從雙邊貿易額和貿易貨物構成來看，中馬合作存在一定的潛力，其中包括豐富礦產資源的合作開發、機電產品出口、投資製造業及海洋漁業資源的雙邊異業合作等方面也具有很大潛力。據前瞻經濟學人伍香洲（2019）研究，2018 年馬來西亞對外出口額 2,470 億美元，占全球出口貿易額的 1.3%，前三大出口國依序爲新加坡、中國和美國，中國是馬來西亞第二大出口市場。對外進口額 2,170 億美元，占全球對外進口貿易額 1.1%，馬來西亞進口前三名的國家依序是中國、新加坡和美國，中國是馬來西亞進口第一大國。根據馬來西亞國際貿易暨工業部（MITI, 2022）統計數據顯示，2021 年馬來西亞前五大貿易夥伴依序爲中國 1,004.09 億美元、新加坡 636.96 億美元、美國 517.72 億美元、日本 355.27 億美元、臺灣 276 億美元。前五大進口來源國，分別爲中國、新加坡、臺灣、美國、日本，馬國對中國的進口市場成長了 33%。而前五大出口市場分別爲中國、新加坡、美國、香港、日本，馬國對中國的出口市場成長了 26%。近兩年因疫情關係，世界各國經濟發展受影響甚大；然而中馬經貿仍持續穩定的成長。

二、中馬經貿協定

根據馬來西亞投資指南（2021）指出，中國和馬來西亞於 1988 年 11 月 21 日簽署《中華人民共和國政府和馬來西亞政府關於相互鼓勵和保護投資的協定》以來，確實有效發揮中馬雙方在資金、技術、資源、和市場等優勢的互補，同時也提升了區域發展的水平，促進東協國家與中國之間的互聯互通（見表 1）。

表 1　中國與馬來西亞簽署經貿協定

年分	中馬經貿協定
1987	中馬政府關於對所得避免雙重徵稅和防止偷漏稅的協定。
1988	中馬政府關於相互鼓勵和保護投資的協定。
1999	中馬政府關於邁向二十一世紀全方位合作的框架文件。
2000	中馬政府就中國加入 WTO 的雙邊協議。
2002	RCEP《區域全面經濟夥伴協定》協定稅率。
2005	中國一東協全面經濟合作框架，協議貨物貿易協議。
2007	中國和東協六成員國的 60% 商品關稅，降到 5% 以下。
2009	中馬雙邊本幣互換協定、中馬政府關於部分互免持外交、公務（官員）護照人員簽證的協定。
2010	中國一東協自由貿易區絕大多數產品正常關稅降為 0。
2011	中馬政府關於擴大和深化經濟貿易合作的協定。
2012	中馬政府關於馬中關丹產業園合作協定。
2013	中馬政府經貿合作五年規劃（2013-2017）。
2015	關於進一步推進中馬經貿投資發展的合作計畫、關於加強產能與投資合作的協定、關於政府市場主體準入和商標領域合作備忘錄、馬來西亞輸華棕櫚質量安全的備忘錄。

年分	中馬經貿協定
2017	中馬「一帶一路」合作備忘錄、「一帶一路」融資指導原則、中馬交通基礎設施合作備忘錄、中馬水資源領域備忘錄、關於馬來西亞菠蘿輸華植物檢疫要求的協定書。
2018	中華人民共和國海關總署與馬來西亞農業與農基產業部，關於馬來西亞冷凍榴槤輸華檢驗檢疫要求的議定書。

資料來源：馬來西亞投資指南、中國商務部，2017，作者整理。

中馬兩國經貿關係由來已久，除上述投資保護避免雙重徵稅協定外，兩國政府先後也簽署了《貿易協定》、《投資保戶協定》、《海運協定》、《民用航空運輸協定》等十幾項經貿合作協議。

三、中馬雙邊貿易

中國海關（2021）統計，2019 年中馬雙邊貿易額爲 1239.6 億美元，2020 年達 1311.6 億美元，且當年中國企業對馬直接投資爲流量 13.7 億美元，同比增長 23.9%；直接投資存量 102.1 億美元，而馬來西亞對中國投資 7,810 萬美元，同比增長了 11.4%。截至 2020 年，中國已連續 12 年成爲馬來西亞最大貿易夥伴。2021 年前 11 個月，中國均穩居馬來西亞最大貿易夥伴的位置。中馬貿易在疫情期間仍體現了強大的韌性，2021 年華經產業研究院數據顯示，中馬雙邊貿易進出口總額再創歷史新高，達到 1,768 億美元，這巨大的雙邊貿易中與投資有很大的關係。

雖然從 2015-2021 年間馬來西亞對中國的貿易一直是處於逆差態勢，馬中貿易差額從 2015-2021 年，分別爲 93.1 億美元、115.5 億美元、125.8 億美元、178.2 億美元、196.9 億美元、183.1 億美元、193.2 億美元，貿易逆差情況有擴大趨勢。然而中馬關係深厚，雙邊貿易將持續推動。中國海關與華經產業研究院的數據報告，中馬 2016-2021 年的雙邊進出口貨物的貿易額明顯呈現逐年成長的趨勢（見圖 1）。

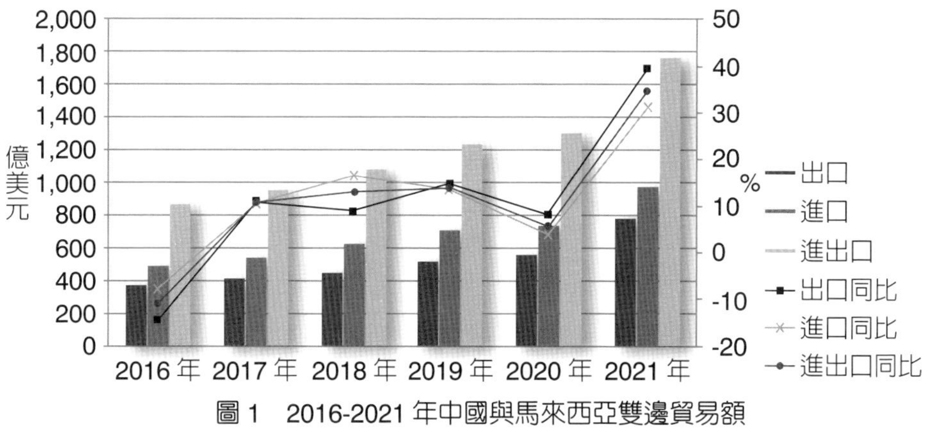

圖 1　2016-2021 年中國與馬來西亞雙邊貿易額

資料來源：中國海關、華經產業研究院，2022，作者整理。

根據馬來西亞統計局公布數據，馬來西亞是中國第九大貿易夥伴和第八大進口來源地，是中國在東協國家的第二大貿易夥伴和第一大進口來源地。據中國海關統計，2021 年中馬雙邊貿易額 1,768 億美元，中國占馬來西亞外貿市場 17% 的份額，而 2022 年 1-2 月中馬雙邊貿易額，同比增長 28.1%，高於同期中國對外貿易總體增長的 12.2%，雙邊貿易總額達到 294.5 億美元。

四、中馬雙邊進出口產品

根據環球印象馬來西亞事業部（2021）分析統計，2019 年馬來西亞自中國進口的前三位主要商品分別爲機電產品、賤金屬及製成品和礦產品，馬來西亞自中國出口的前三位主要商品分別爲機電產品、礦產品、塑膠和橡膠。

根據中華民國駐馬來西亞臺北經濟文化辦事處經濟組（2021）分析，至 2021 年 6 月馬來西亞出口成長 27.2%，對中國出口成長 18.5%，出口額爲 175.57 億馬幣；對中國進口達 832.3 億馬幣，成長 43%，進口額爲 203.51 億馬幣，較 2020 年同期成長 32.1%，顯見新冠疫情雖迫使馬國政府全面展開封鎖行動，然而馬國製造業運作依然良好，出口成長的表現仍是亮麗的。

據中國海關 2021 年公布，中馬雙邊進出口主要商品，中自馬主要進口產品爲棕櫚油、塑料製品、集成電路、計算機及其零組件等；中出口至馬主要產品爲服裝、紡織品、集成電路、計算機及其零組件等。馬自中進口主要產品爲機電產品、賤金屬及製品、化工產品、塑料和橡膠；馬出口至中主要產品爲機電產品、礦產品、塑料和橡膠、金屬及製品、化工產品（見表 2）。

表 2　2021 年中國對馬來西亞貿易主要品項

（單位：億美元）

品項	進出口額
電機、音響、計算機及其零組件	818.1
服裝、紡織品	299.2
礦產品	276.2
賤金屬及製品	135.2
塑料、橡膠及其製品	90.6
化學工業產品	79.3
鐘錶、樂器、醫療、光學等儀器	60.2
食品飲料菸酒製品	27.9
動植物油、脂、臘	21.7
廢紙、紙、紙板及其製品	16.7

資料來源：騰訊新聞自媒體，中國海關，2022，作者整理。

從 2021 年雙邊貿易的數據看來，機電產品仍是馬來西亞第一大進出口產品，在雙邊貿易的占比 46.3%，而中國加工組裝工業發達，其出口到馬國的整體機電產品占比較大，且中國勞動密集型的產品，仍有較大優勢。除外分析馬國在出口品項中的經濟數據，清眞食品與飲料依然是馬國清眞經濟的主要貢獻來源。2020 年馬國清眞產品出口前三大出口額的國家，分別爲：新加坡 9.95 億美元、中國 8.35 億美元、美國 4.2 億美元，顯見中國對馬來西亞清眞市場的貢獻不容忽視。

參、中馬雙邊投資

中國外交部（2021）指出，中馬兩國近年來逐步調整彼此的經貿政策，促使兩國經貿全面發展，符合雙邊現實與長遠經濟利益，對於亞太地區經濟合作的推動影響重大。馬來西亞主要進出口市場幅員擴及多國，而中馬兩國經貿關係密切，互爲重要夥伴。據馬來西亞投資發展局統計，自 1980-2021 年 6 月在馬來西亞產業發展中主要的外資來源國，累計投資總額的前五名分別爲日、美、新、中、紐。其中中國投資項目 592 件，雇用人員 99,302 人，投資額 201.04 億美元（見表 3）。

表 3　1980-2021 年 6 月馬來西亞主要外資來源國

國家	投資總額（億美元）	件數	雇用人員
日本	344.80	3,638	468,992
美國	337.06	1,245	294,717
新加坡	325.86	4,873	559,068
中國	201.04	592	99,302
紐西蘭	159.32	382	80,526

資料來源：中華民國駐馬來西亞臺北經濟文化辦事處經濟組，2022，作者整理。

中國近年來在馬來西亞投資的建設，如關丹港口、馬六甲皇京港、隆新高鐵及東海岸鐵道等，不僅爲馬國帶來人才、技術和資金，推動了馬國發展，更是爲東協的互通互聯暨共同建設提供了非常有力的支撐。根據 2021 年中國商務部公布，2016-2020 年中國對馬來西亞直接投資，2016 年流量 18.3 億美元、存量 36.3 億美元；2017 年流量 17.2 億美元、存量 49.1 億美元；2018 年流量 16.6 億美元、存量 83.9 億美元；2019 年流量 11.1 億美元、存量 79.2 億美元；2020 年流量 13.7 億美元、存量 102.1 億美元。

肆、勞務與工程承包合作

中國駐馬來西亞大使館經濟商務處（2021）資料指出：近年中企在馬承包工程領域，積極參與當地基礎設施建設，以一流標準、品質、先進技術與當地企業展開多種形式合作，帶動大量就業，爲馬國經濟的發展做出貢獻。其中，「南部鐵路項目」、「油煉化一體化」等大型項目都有中企參與。中企還積極跟進「馬新高鐵」項目，希望憑藉在高鐵領域雄厚的綜合實力，爲東協地區互聯互通貢獻力量。馬來西亞未對中國全面開放普通勞務市場，只允許在特定條件下引進少量中國技術工人，頒發的工作證也特別註明勞務工種類和雇主名稱，依合法手續進入馬來西亞的勞工，如果有從事不同的工作或爲不同雇主工作之情形，一律被視爲非法勞工。

2020 年，中企在馬來西亞新簽工程承包合同額爲 53.31 億美元，同比下降 27.3%；完成營業額 68.53 億美元，同比下降 6.2%，新簽工程承包合同 387 件。2021 年 1-6 月，中企在馬來西亞新簽工程承包合同額 51.6 億美元，同比增長 46.7%；完成營業額 21.9 億美元，同比增長 0.1%。綜觀近年來中國在馬來西亞承包工程項目，範圍擴及東馬和西馬全境，在地鐵、公路、電站、石化、通訊等重要領域均有進展。

第二節　中國在馬來西亞投資

亞洲人喜歡稱馬來西亞「大馬」或「橡膠和錫的王國」，是東南亞發展潛力很大的國家之一。《2019 年全球競爭力報告》揭示，馬來西亞在 141 個經濟體中的競爭力排名第 27 位，《2020 年營商環境報告》顯示，馬來西亞在 190 個國家當中營商環境總體排名第 12 名。

壹、馬來西亞投資和市場環境

馬來西亞緊鄰馬六甲海峽，是世界最重要的航運渠道，輻射東協、中東、印度等市場，成爲東南亞重要的樞紐，因此吸引了包括中國在內的各國企業到馬來西亞投資。據「2021 年中國對外投資指南」指出，近年來馬來西亞一直致力於改善投資環境、採取鼓勵政策和優惠措施、完善投資法律等以鼓勵投資，希望吸引更多外資進入馬來西亞相關產業。馬來西亞雖有許多優越條件，然而一直存在勞力短缺的問題，馬國政府爲解決此問題，遂引進外籍勞工。可是外勞入境，管理不易，致使馬來西亞治安不佳，又加上疫情難以控制，此乃馬來西亞社會的一大隱憂。

一、馬來西亞投資和市場環境優勢

馬來西亞於 1957 年加入《關稅和貿易協定》，是世界貿易組織（WTO）和東南亞國家協會（東協，ASEAN，1967 年 8 月 8 日成立）的創始成員國。2002 年起東協國家開始啓動自由貿易區建設，在區域內部實現貿易零關稅。外商投資目前已成爲推動馬來西亞經貿發展的重要因素，馬國政府鼓勵外商在製造業領域投資，其重要的來源國，主要是日本、新加坡、中國等。

登尼特集團馬來西亞投資顧問（2017）針對馬來西亞環境進行市場研調，結果發現其競爭優勢主要體現在幾個方面：(1) 地理位置優越，位於東南亞核心，成爲進入東協和中東市場的橋梁；(2) 經濟基礎穩固，經濟成長前景較好；(3) 天然資源和礦產豐富，吸引外商投資製造業；(4) 人力資源素質較高，工資成本較低；(5) 中馬關係友好，語言溝通零障礙；(6) 多元文化，民族互融互通，政策包容，政治動盪風險低；(7) 生活成本低，十大適宜華人居住國之一；(8) 可獲得土地永久擁有權，外籍人士可以購買任何財產；(9) 馬來西亞第二家園（MM2H）計畫；(10) 財稅金融優惠政策鼓勵外商投資。

中國商務部（2021）對中企到馬來西亞投資分析指出，許多跨國企業之所以選擇在馬來西亞設區域與全球營運中心，主要是馬國的市場具有如下特色：(1) 經濟領域表現穩定；(2) 積極推動綠色產業、再生能源、減碳計畫；(3) 清眞食品市場商機大；(4) 運輸便利、成本低；(5) 普遍使用電子支付；(6) 以網購爲銷售方式；(7) 消費能力提高，年輕人重視品牌，高價產品專賣店愈來愈多；(8) 運動休閒和美容保健市場大，相關產品在馬是具有發展空間。

馬來西亞目前專注高科技、高附加價值、高效益投資，諸如電子與電機、機械配備、智能技術及消費科技產品等，歡迎來自世界的外人直接投資。爲吸引更多中資企業進駐馬國，近年馬國投資發展局致力鞏固馬國作爲對外直接投資（Foreign Direct Investment, FDI）在東協首選目的地，包括建立「一站式投資中心」（one-stop service center, OSC），以簡化國外投資人的投資申請案，這計畫對中國投資人作了明確的保證。

二、中國與馬來西亞雙邊投資

因爲中美間持續的貿易戰，意外爲馬來西亞提供了獨特的機會，讓外資認同在馬投資可獲得高附加價值，因而成爲外國直接投資首選目的地。馬來西亞自 1986 年開放吸引外資以來，外資集中在三大項目：製造業、服務業、原產品產業。根據馬來西亞投資發展局（MIDA）發布之資料顯示（見表 4），馬國 2020 年共核准 4,599 項製造業、服務業及原產品產業投資計畫案，總投資金額爲 1,640 億馬幣，較 2019 年衰退 22.3%；其中，國內投資金額爲 998 億馬幣，占比 60.8%；外人直接投資金額則為 641.7 億馬幣，占比 39.2%，共創造 101,382 個就業機會。2020 年馬國製造業、服務業及原產品產業前三大外資來源國為中國、新加坡及荷蘭，分別投資 177.5 億馬幣、88.3 億馬幣及 65.4 億馬幣，占外商直接投資之 51.6%。

表 4　2020 年馬來西亞外資投資前三大產業概況

（單位：億馬幣）

項目	核准件數	投資金額	國內投資	外人直接投資
製造業	1,049	912.6（55.7%）	346.8（38%）	565.8（62%）
服務業	3,527	667（40.6%）	601.7（90%）	65.3（10%）
原產品產業	23	60.4（3.7%）	49（82.5%）	10.6（17.5%）

資料來源：馬來西亞投資發展局，2020，作者整理。

中馬雙邊貿易在疫情期間仍保持逆勢成長，根據馬來西亞投資發展局（MIDA）2020 年 3 月 2 日發布之資料顯示：

1. 2018 年中國在馬國製造業共投資 422 個項目，為當地創造約 7.3 萬個就業機會，到 2020 年中對馬的製造業投資額達到 44.1 億美元，較 2019 年成長 10.3%，占比 55.7%，數據顯示，從 2016-2020 年，中國連續 5 年成為馬來西亞製造業第一大的外資來源國。

2. 2020 年服務業投資金額則較 2019 年衰退 45%，占比 40.6%；創造 33,652 個就業機會。而房地產服務業是最大吸引資金的項目，投資額達 312.5 億馬幣，占比 34.6%。中國和馬來西亞的經貿合作過去主要集中在貨物與服務貿易領域，近年來中資企業還承包了基礎建設、房屋建設。

3. 2020 年原產品產業占比 3.7%，較 2019 年減少 14%；主要投資項目為礦業，投資額達 60 億馬幣。在馬來西亞外資占股不能超過 30%，約束較大，因此，中馬礦業合作的前景較不被看好。

除了中馬雙邊貿易在疫情期仍保持逆勢成長外，從投資方面來看，中國對馬來西亞市場的青睞是有增無減。而截至 2021 年底，中國對馬來西亞直接投資累計超過 100 億美元，馬來西亞累計對中國直接投資近 80 億美元，中國連續 13 年成爲馬來西亞最大貿易夥伴國。而自 2015-2020 年中國與馬來西亞貿易差額，從 2015 年的 93.1 億美元到 2020 年的 183.1 億美元，馬來西亞對中國一直保持貿易逆差，雙方的貿易仍有很大的上升空間。

三、中國企業在馬來西亞投資

中國駐馬經濟商務處李娜參贊（2016）表示，從雙邊貿易來看，愈來愈多中企將馬來西亞作爲投資東南亞的首選地，中企在馬投資的領域更趨多元化，投資層次和品質也不斷提高（見表 5）。中國駐馬大使歐陽玉靖（2021）表示，在全球經濟下行壓力加大下、貿易保護主義抬頭及面對疫情的衝擊下，中馬攜手實現經貿合作逆勢成長。中馬重大合作項目穩步推進，中企在高科技領域也積極發揮自身優勢，融入馬來西亞國家戰略，助力數字經濟的發展。放眼後疫情時期，中馬雙方可積極深化在經貿投資基礎設施建設、製造業、數字經濟、現代農業等領域的合作。

表 5　中馬近年來重要合作項目

<table>
<tr><th>年分</th><th>項目</th><th>中馬共建企業</th></tr>
<tr><td>2012</td><td>兩國雙園—中馬欽州產業園</td><td rowspan="2">2022 年 4 月陸海新通道運營有限公司、北部灣控股（馬來西亞）有限公司、馬中關丹產業園有限公司、廣西中馬欽州產業園區開發有限公司，共同簽署了《共建中馬「兩國雙園」＋國際陸海新通道框架協議》。</td></tr>
<tr><td>2013</td><td>兩國雙園—馬中關丹產業園</td></tr>
</table>

年分	項目	中馬共建企業
2016	大馬城	中鐵和馬來西亞依海控股有限公司。
	「皇京港」深水碼頭	中國電建與深圳盤田港集團及連雲港集團。
	森林城市	中國碧桂園房地產集團。
	電力資產	中廣核集團收購馬來西亞獨立電商埃德拉公司（Edra）的電力資產。
	馬六甲天然氣項目	中廣核集團。
	綜合漁港（國際港、國內港、產業園島）	青島魯海豐集團與馬來西亞魚業局。
2017	馬來西亞東海岸銜接鐵道	中國交通建設集團有限公司與馬來西亞鐵路銜接公司。
2020	吉隆坡 TRX	中國交通建設有限責任公司。
	馬來西亞 PJD LINK 高架高速公路	中國水電建設集團國際工程有限公司。

資料來源：騰訊新聞自媒體，2022，作者整理。

近年來中馬兩國產能合作的步伐不斷加快，中企在馬投資項目還包括，山東岱銀紡紗廠、山東恒源石化收購殼牌馬來西亞煉油廠、中車東協製造中心、聯合鋼鐵廠、阿里巴巴全球電子商務平臺（eWTP）、中國蘇州通富微電收購馬來西亞檳城一家集成電路製造工廠、陶瓷廠等項目。馬來西亞政府希望中企在馬國投資的時候能利用更多當地的資源和人員、中與馬除了在製造業的合作外，中企在工業 4.0、工業智能、大數據領先的情況下，可以有更多的機會成爲中馬雙邊貿易中的新亮點。

貳、中國與馬來西亞雙邊經貿問題和對策

中國與馬來西亞於 1974 年 5 月 31 日正式建交，是東協第一個與中國建立外交關係的國家，兩國在政治、軍事、經貿等方面合作頻繁，近

年來的雙邊貿易增長迅速，馬來西亞是中國在東協最重要的經貿夥伴之一，然而中馬雙邊經貿發展仍存在問題，須由雙方逐一克服。

一、中馬雙邊貿易存在的問題

在東協自由貿易區的建立及「一帶一路」倡議的施行下，目前中國與馬來西亞經貿合作發展密切且快速，不可諱言，由於某些歷史因素，中馬雙邊貿易依然存在諸多衝突與問題。學者鄭國富（2016）研究分析，指出雙邊合作發展中存在的問題：(1) 貿易格局長期失衡，且持續擴大化；(2) 馬方出產的貿易商品種類單一，且層次較低；(3) 資本與技術密集型產品產業內貿易發展遲緩；(4) 競爭性商品貿易突出，同質化競爭加劇；(5) 互補性優勢尚未發揮，貿易潛力巨大。而學者李航宇和秦小輝（2019）分析亦指出：(1) 貿易逆差大、中馬貿易不平衡；(2) 匯率不穩定、貨幣結算困難；(3) 雙邊貿易存在非關稅的貿易壁壘；(4) 商品結構欠缺互補性、雙方經貿互補性的優勢未能充分發揮；(5) 對馬投資存在一定風險，體現在四方面：美國對馬政局和貿易的影響、馬國內各黨派的鬥爭、毒品引發的社會治安問題、馬與中國、汶萊、菲律賓存在領土爭議；(6) 族群利益劃分造成種族關係的緊張，不利雙邊貿易的發展。

二、中馬雙邊貿易問題的對策與建議

根據北京大學鍾靈山教授指出，馬來西亞已是繼巴基斯坦之後，全球第二個和中國關係最友善的國家。同時馬來西亞華人占了 20% 以上，可以成爲中國「一帶一路」倡議的「樣板工程」。學者鄭國富（2016）提出的提升路徑：(1) 推動增信協商、互惠互利合作；(2) 提升貿易商品質量與合作的層次；(3) 以高端製造業項目投資帶動產業內的貿易合作和升級；(4) 適度減少競爭性、增加互補性；(5) 拓展和深化中馬兩國經濟開發區的建設。

學者李航宇和秦小輝（2019）提出的相應對策爲：(1) 促進中馬貿易平衡；(2) 建構完善的金融體系；(3) 規避非關稅貿易壁壘；(4) 減少商品競爭和增強互補性；(5) 積極應對投資風險；(6) 馬來西亞應該淡化並逐步消除族群的問題。中國駐馬經商處張珮東參贊等（2021）建議，中資企業在馬來西亞開展投資合作應該注意的問題爲：(1) 客觀評估投資環境；(2) 適應法律環境的複雜性；(3) 做好企業註冊及申辦各類執照的充分準備；(4) 適當調整優惠政策的期望值；(5) 充分核算稅賦成本；(6) 有效控制工資成本。

除此之外，中企在馬經商應該要注意：(1) 處理好與政府、工會及當地居民的關係；(2) 尊重當地風俗習慣；(3) 依法保護生態環境；(4) 承擔必要的社會責任；(5) 學會與媒體、執法人員打交道；(6) 傳播中國傳統文化；(7) 尋求法律、當地政府、中國駐當地使館的保護；(8) 注意市場之區隔及特色。

三、中企在馬來西亞疫情後的建議

中國駐馬經濟商務處（2022）在新冠疫情爆發後對中資企業防控疫情的工作建議如下：(1) 落實企業各項防控措施，保障企業員工的健康與安全；(2) 嚴格遵守馬國政府關於疫情防控的規定，做好防護用品、藥品及食品等儲備，加強風險防範，確保人員、項目和財產的安全；(3) 加強人員管理和教育，指導員工做好科學防護，並關注員工心理健康，妥善解決勞資醫療等問題；(4) 積極探索以網路等新方式開展工作，降低疫情對企業經營的影響；(5) 中資企業總商會要加強與馬來西亞政府部門的溝通和聯繫，做好愛心捐贈等相關工作，深入了解中企的需求，及時幫助企業解決困難。

第三節　「一帶一路」中國與馬來西亞經貿現況

自從中國 2013 年提出「一帶一路」倡議以來，中國積極與一帶一路沿線國家合作，消除貿易壁壘，共建自由貿易區，開通中歐班列，貿易便利化的水平不斷提升，規模也逐漸增加。隨一帶一路貿易結構不斷的改善、中國對外貿易中的占比也不斷提升，目前穩定在 29% 左右。根據中國網蔡彬（2021）的報導，12 月 2 日在北京舉辦的一帶一路貿易投資論壇，中馬兩國聚焦在數字經濟、健康、綠色絲綢之路、綠色低碳發展及國際抗議合作等熱點，同時，中國也申請加入「數字經濟夥伴關係協定」與各國共同打造數字絲綢之路，以促進中馬未來經貿發展，共建一帶一路新機遇和新合作領域。然而不可否認，中馬一帶一路合作，仍存在政治上的風險。

壹、「一帶一路」帶來新機遇

中國駐馬經濟商務處李娜參贊（2016）表示，馬來西亞作爲「二十一世紀海上絲綢之路」的重要支點國家，與中國開展「一帶一路」合作，具有得天獨厚的戰略優勢。中馬兩國政府和商界在「二十一世紀海上絲綢之路合作框架」下，可在六個方面開展全面合作：(1) 做大做優貿易；(2) 全力推進「兩國雙園」建設；(3) 加快互聯通基礎設施建設；(4) 繼續推動區域經濟合作；(5) 拓展雙邊金融合作；(6) 共同推進人文交流。據新華社閆子敏（2018）報導，馬來西亞總理納吉布高度評價一帶一路建設，中國工商界是馬來西亞打造未來高收入、高技能國家的重要夥伴，兩國合作帶來了「雙贏」。馬方是最早響應一帶一路倡議的國家之一，馬方將從中受益無窮，也爲兩國人民帶來了實質上的利益，同時使中馬「全面戰略合作夥伴關係」更具有積極的現實意義。

根據萊坊房地產公司（2019）報告顯示，一帶一路在馬來西亞的投資項目爲：(1) 投資額 13 億美元的海底隧道，將銜接檳城島與西馬本島，該隧道出入口的喬治市與北海的房地產將獲益；(2) 投資額 19 億美元的馬六甲皇京深海港口（Melaka Gateway），可刺激倉儲、物流市場、港口周圍土地的需求，並推動價格上漲，有利於住宅、零售、辦公室等產業的開發及增加貿易交易的活動；(3) 投資額 210 億美元的東海岸鐵路，將爲馬來西亞經濟做出重大貢獻，並在東海岸各州帶動房地產業。由於許多主要經濟體，如美國、拉丁美洲以及歐盟尚未對馬來西亞製造的產品課徵高關稅，所以預測將來會有更多中國的高科技製造商選擇在馬來西亞營運，以馬國爲製造業中心，有效利用馬國原料充足及營運成本相對低廉的競爭優勢。

學者常輝等（2020）研究中馬兩國貿易狀況在一帶一路倡議提出前後的變動情況，發現馬來西亞依賴投資和出口發展經濟的模式受國際環境影響大，中馬經貿往來關係總體穩固、在資金流動上表現突出，但商品貨物往來沒有顯著提升，顯見一帶一路倡議在馬來西亞的作用空間有待擴展。騰訊新聞自媒體（2022）分析，2021 年中馬雙邊貿易額已達千億美元，從貿易規模來看，馬來西亞是中國在一帶一路沿線的第二大貿易夥伴，中國連續十年成爲馬國最大貿易夥伴國。可見在新冠疫情的考驗下，一帶一路經貿合作仍展現出強大的韌性和活力，預期多項重大合作下，將促進中馬雙邊貿易持續穩步發展。

貳、中馬「東鐵」合作項目

中國駐馬經濟商務處（2019）指出，馬來西亞天然資源豐富，然而，天然資源賣出後的收益是由馬來西亞聯邦政府統一分配，東馬只分到 5% 的利潤，因此，東馬始終比西馬經濟差。馬來西亞政府爲了促進東馬地區的經濟發展，遂決定在東海岸建設銜接鐵道。東鐵一旦建成，東馬、西馬兩地區將被連接起來，可以均衡馬國整體的經濟發展，這會是一個具有長期收益的建設項目。馬來西亞納吉布總理也指出：東鐵的建設將刺激投資、促成商業活動的推動、製造就業機會以及帶動沿線城鎮的旅遊業，它將是東海岸和西海岸經濟平等的催化劑。

一、中國交建集團承建東鐵

2016 年 11 月 1 日，中國交通建設集團有限公司與馬來西亞鐵路銜接公司在北京簽署馬來西亞東海岸銜接鐵道（East Coast Rail Link, ECRL / 東鐵）協議。中國成功拿下東鐵合作項目，讓中國高鐵技術走出去形成巨大的推動力，也顯示馬國對中國高鐵的建造技術是有信心的。2017 年 8 月，由中國交建集團承建的東鐵舉行動土儀式，看似圓滿開工，但實際上從簽署以來就風波不斷。2018 年 5 月，馬來西亞的新政府宣稱將重新核算前政府總理納吉布已經批准的大型項目計畫，包含已完成了 14% 的東鐵，致使東鐵工程一度中斷。直到 2019 年 4 月 12 日馬來西亞馬哈迪總理發出文告，馬來西亞鐵路銜接公司跟中國交建集團簽署附加協議，讓東鐵計畫復工。根據網易新聞（2022）的報導，新協議的內容包括：(1) 馬來西亞承包工程由 30% 提升到 40%；(2) 長度較原來縮減到 648 公里；(3) 鐵路總造價的成本由原本 1,069 億人民幣，縮減到 711 億人民幣；(4) 每公里 1.67 億人民幣降至 1.11 億人民幣；(5) 按原合約以雙軌、客運列車時速 160 公里、貨運列車時速 80 公里的建造；(6) 雙方持股各占 50% 的合資公司，聯合操作、維修和管理東鐵網絡；(7)85% 資金向中國進出口銀行借貸，其餘則向馬國當地融資。交通部長魏家祥強調，東海岸鐵路項目在 2027 年會如期完工。

二、「東海岸銜接鐵道」建設的特點與評價

根據澤鍾談科技（2022）研究分析「東海岸銜接鐵道」建設特點有「三高、三大、三難」的特點，三高：設計標準和技術融合要求高、環保與安全品質要求高、國際間關注度高；三大：環境差異大、項目規模龐大、時空跨度較大；三難：徵地拆遷較難、組織協調較難、引進外籍勞工和技術較難。中國國際工程諮詢協會（2022）對「東海岸銜接鐵道」

建設的評論如下：(1) 一帶一路新的旗艦項目、倡議行穩致遠的具體體現，在一帶一路沿線國家將會形成重大影響和示範效應；(2) 馬國東海岸重要交通基礎設施項目，促進馬國社會和經濟的發展；(3) 將西海岸的經濟中心和東海岸重要的城鎮相連接，對促進商貿、物流、進出口及旅遊等行業的發展有極大助益，提高人們生活的便利性；(4) 中馬歷史上最大的經貿合作項目，馬國東西兩岸鐵路設施的延伸、中馬互信合作的延伸，將可加大中馬經濟文化交流和提升兩國合作的新高度。

中國交通建設集團有限公司也表示，(1) 中國交建集團將把馬國東鐵項目建設成綠色、平安、人才、惠民、創新工程和中馬經貿高品質合作的典範；(2) 中國交建集團在項目開發期，將爲當地創造超過 8 萬個就業機會，營運期可穩定在 6 千個以上就業機會；(3) 中國交建集團還將通過「中馬鐵路人才培訓合作計畫」，目前中企爲馬來西亞培訓超過 19,000 人次的鐵路建設和營運人才。整體觀之，一帶一路可讓中資企業受益，亦會改變馬來西亞的未來航運動態。所以，中馬共建東鐵不僅爲中馬經貿合作注入強勁的動力，也爲許多普通家庭與參與者實現他們的夢想，更重要的是散出一帶一路重大合作項目的巨大吸引力和國際影響力。

三、中馬「兩國雙園」

胡慧茵（2022）對「兩國雙園」的分析指出，中馬「欽州產業園區」位於中國北部灣三大港口的城市欽州，是銜接「二十一世紀海上絲綢之路」與「絲綢之路」經濟帶的重要門戶，更是中國與東協之間經貿合作的紐帶；馬中關丹產業園區位於馬來西亞東海岸最大港口城市關丹，是「二十一世紀海上絲綢之路」的重要節點，同時也是中國加強與東協各國合作的關鍵樞紐。「兩國雙園」依靠區位優勢、產業優勢和各自資源進行國際產能合作，讓中馬兩國資源能夠得到有效的配置。「兩國雙園」未來將以東協的特色產品和加工貿易爲兩大支柱產業，以服務業爲引領，培育新材料、生物醫藥、電子三大戰略性新興產業。其內容爲：(1) 深化跨區域產業轉移對接的合作；(2) 加快構建高效率且便捷的多方式的聯運物流體系；(3) 打造中國與東協「數字絲路」建設示範區，建設海陸新通道各重要節點。

中馬把「東鐵」作爲中馬共建一帶一路的指標項目；把「兩國雙園」打造成中國東協經貿合作創新發展高水平的示範區，爲中馬經貿做出重大的貢獻。中國和馬來西亞的「兩國雙園」合作已經走過了十年歷程，而「兩國雙園」項目被外界視爲中馬在疫情後經濟復甦的助力，打造一帶一路項目的新典範和亮點。

四、中馬區域全面經濟夥伴關係協定「RCEP」驅動的前景

馬來西亞政府（2022）統計顯示，馬來西亞與 RCEP 成員貿易都實現快速成長，其中，對中國貿易額同比大幅增長，中國仍保持馬來西亞最大貿易夥伴，也是馬國外貿復甦的重要動力，自 2022 年 3 月中馬貿易已實現了連續 16 個月二位數的成長。2021 年馬來西亞新亞洲戰略研究中心翁詩杰主席（2021）分析 RCEP 在馬的實施生效後，對中馬經貿的看法：(1) 中國更大的內需市場，有利拓展馬來西亞產品對中國輸出的機會；(2) 更多同質商品的競爭，促使馬國供應供貨商不斷優化產品，這是馬國提升自身供應鏈的良好契機；(3) 進入更大的中國市場後，可拓寬馬國產品對華輸出的機會，而中馬在運輸服務、數字經濟等基礎建設方面也可開展更多的合作項目；(4) 中馬都在中國—東協自貿區的基礎上，市場更加開放，部分產品可獲得新的關稅優惠或減免，RCEP 生效前後，馬國關稅項目享受零關稅待遇可從 64.6% 提高至 90%。

綜合其他觀點：(1)RCEP 生效後，中馬在進出口、國內市場的企業和消費者獲益良多；(2)「數字貿易」有助於促進產業鏈在不同地區更高效率的資源分配及區域產業的轉型升級，爲中馬經貿注入更多新活力；

(3) 海關程序和認證簡化後，更有利於兩國商品流通，提供更多便利。分析人士指出，馬來西亞是外貿依存度較高的經濟體，雖然目前外貿成績量也呈現經濟復甦的樂觀指標，可是俄烏戰爭、美聯儲加息、新冠疫情對供應鏈衝擊等因素，帶來了更多外部的風險，馬來西亞應該趕緊抓住《區域全面經濟夥伴關係協定》新機會爲經濟復甦注入新的動力。中馬雙方齊力爲實施高品質「區域全面經濟夥伴關係協定」發揮陸海新通道對於地區產業鏈和供應鏈的支撐作用，在中馬經貿合作上取得亮麗的成績。

參、中馬經貿關係未來的發展

中馬兩國的共同利益非常廣泛，加深兩者戰略性合作是大勢所趨，當雙邊貿易面臨問題，反映出雙方的不足，也顯現出中馬貿易還有很大的潛力。兩國如果能積極面對經貿關係中的問題，且不斷探索新機會爲經濟復甦注入新的動力、經貿合作的新方法和方向，相信一定可以出現新格局。在經濟全球化背景下，中馬產業貿易必將持續加強。未來或許可從以往注重基礎建設合作轉向強調科技創新的合作，新興產業可能將成爲中馬貿易的新熱點。

根據前瞻經濟學人伍香洲（2019）研究分析中馬雙邊貿易，認爲兩國在資源構成、產業結構和貿易商品等方面各具特色，互補性很強，爲兩國間貿易奠定了基礎。預期貿易未來可能的發展趨勢：(1) 中馬貿易互補性依然明顯；(2) 中馬貿易結構持續優化；(3) 中馬產業貿易不斷加強；(4) 新興產業或將成爲中馬貿易新熱點。

綜合分析 2022 年中馬經貿，國際貿易環境存在諸多的變數與影響，加上新冠疫情的出現，在供應鏈的中斷下，全球經濟的不確定性有可能會影響整體貿易表現。儘管如此，2021 年馬國對中國的出口市場成長率增加了 26%，中馬貿易達千億美元，且全球對電子與半導體等電機產品及原產品的需求持續增加，足以支撐中馬貿易的穩定發展。何況再加上東海岸鐵路及捷運系統第三階段工程計畫（MRT3）等大型基礎工程繼續啓動建設中。預期未來總貿易額及進出口將可以維持積極態勢，並適度擴張。如果馬國政府能改善貿易政策和勞動市場及重新開放邊境，相信中馬必可攜手戰勝經濟和疫情的困境，中馬經貿持續成長的前景是可期待的。

參考文獻

1. 中國外交部，〈中國同馬來西亞的關係〉。2021年8月23日，取自網址：https://www.fmprc.gov.cn/web/gjhdq_676201/gj_676203/yz_676205/1206_676716/sbgx_676720/。
2. 中國商務部亞洲司，〈2020年1-12月中國──馬來西亞經貿合作簡況〉。2021年3月12日，取自網址：http://news.10jqka.com.cn/20210312/c627729414.shtml。
3. 中國報關資訊，〈中國從馬來西亞進口主要是什麼產品？〉。2021年6月15日，取自網址：http://www.toxpho.com.cn/info/details-nid-189.html。
4. 中華人民共和國駐馬來西亞大使館經濟商務處，〈馬來西亞概況〉。2019年5月21日，取自網址：http://my.mofcom.gov.cn/article/ddgk/201407/20140700648581.shtml。
5. 中華民國經濟部駐馬來西亞台北經濟文化辦事處經濟組，2021，〈馬來西亞2021年6月份對外貿易〉，《經貿透視雙週刊》。
6. 中華民國經濟部國際貿易局，〈馬來西亞2021年對外貿易統計及分析〉。2022年2月7日，取自網址：https://info.taiwantrade.com/biznews/馬來西亞2021年對外貿易統計及分析-2474644.html。
7. 中華民國駐馬來西亞台北經濟文化辦事處經濟組，〈馬來西亞在過去10年間是中國大陸在東協地區最主要之投資國，其工業與物流市場將可望從一帶一路措施中受惠〉。2019年5月14日，取自網址：https://info.taiwantrade.com/biznews/馬來西亞在過去10年間是中國大陸在東協地區最主要之投資國-其工業與物流市場將可望從一帶一路措施中受惠-1800624.html。
8. 伍香洲，2019，〈2018年中國與馬來西亞雙邊貿易全景圖〉，前瞻經濟學人。
9. 李航宇、秦小輝，2019，〈中國與馬來西亞雙邊貿易存在的問題與對策〉，《中國經貿導刊》，2019(2)，頁12-14。
10. 胡慧茵，2022，〈RCEP正式對馬來西亞生效 中馬經貿注入新活力〉，新浪財經。
11. 徐荃樂，2021，〈馬來西亞感謝中國捐贈新冠疫苗〉，新浪財經。
12. 常輝、許超群，2020，〈一帶一路倡議前後中國以馬來西亞經貿合作之比較分析〉，《中共濟南市委黨校學報》，2020（002），頁46-52。
13. 張珮東、高文寬、鄧波等，2021，《對外投資合作國別（地區）指南——馬來西亞（2021年版）》，中國駐馬來西亞大使館經濟商務處、商務部國際貿易經濟合作研究院、商務部對外投資和經濟合作司。
14. 中阿合作論壇，〈外交部回應納吉布對「一帶一路」建設高度評價〉。2018年2月28日，取自網址：http://www.chinaarabcf.org/chn/fyrbt/201803/t20180322_6470550.htm。
15. 登尼特馬來西亞投資顧問，〈馬來西亞投資指南〉。2017年6月29日，取自網址：http://www.tannet-group.co/Group/397/8888/20161019120111。
16. 貿協全球資訊網，〈馬來西亞市場環境分析〉。2021年9月1日，取自網址：https://www.taitraesource.com/tota101.asp?AreaID=00&CountryID=MY&tItem=w04。

17. 貿協全球資訊網，〈馬來西亞投資環境分析〉。2021年9月1日，取自網址：https://www.taitraesource.com/tota101.asp?AreaID=00&CountryID=MY&tItem=w02。
18. 陽光報，〈未來幾年中國是否打算在馬來西亞開發更多投資項目，中方回應〉。2021年7月12日，取自網址：https://finance.sina.com.cn/tech/2021-07-12/doc-ikqcfnca6434937.shtml。
19. 馮濤，〈栗戰書同馬來西亞國會下議院議長愛資哈爾舉行會談〉。2022年1月22日，取自網址：http://www.npc.gov.cn/npc/kgfb/202201/9d2689f44d3e4a23a9ee055c5758a307.shtml。
20. 新華絲路，〈今年2021年1-6月中國與部分東盟國家經貿合作簡況（二）〉。2021年8月13日，取自網址：http://ydyl.jiangsu.gov.cn/art/2021/8/13/art_76283_9974626.html。
21. 萬鵬、謝磊，2013，〈中華人民共和國和馬來西亞聯合新聞稿〉，《人民日報》，2版。
22. 道客巴巴，〈中國和馬來西亞雙邊的經濟關係〉。2021年8月12日，取自網址：http://www.doc88.com/p-19739042726315.html。
23. 蔡彬，〈2021年「一帶一路」貿易投資論壇成功舉行〉。2021年12月2日，取自網址：http://guoqing.china.com.cn/2021-12/02/content_77907106.htm。
24. 鄭國富，2016，〈中國與馬來西亞雙邊貿易發展狀況及提升路徑〉，《對外經貿實務》，4，頁55-59。
25. 澤鍾談科技，〈中馬合作鐵路項目，馬方違約拒絕中國361億，結局如何〉。2022年4月1日，取自網址：https://www.163.com/dy/article/H3SONTBN0552ZNJ7.html。
26. 環球印象馬來西亞事業部，〈2021年一帶一路馬來西亞投資分析現狀回顧〉。2021年11月3日，取自網址：http://www.zcqtz.com/news/256920.html。

27. 騰訊網，〈【一帶一路・觀察】2021年中國「一帶一路」貿易分析〉。2021年1月21日，取自網址：https://new.qq.com/rain/a/20220121A08UOM00。

Chapter 5

馬來西亞人力資源發展初探

張李曉娟*

第一節　馬來西亞經濟概況

第二節　馬來西亞人力資源發展

第三節　馬來西亞未來經濟展望

* 日本廣島大學法律學博士，現任環球科技大學應用外語系專任副教授兼公共事務管理研究所所長。

2022年4月1日馬來西亞總理依斯邁・沙比里（Ismail Sabri Yaakob）對外開放邊境，力圖振興該國經濟。由於新冠肺炎（COVID-19）疫情嚴峻，馬來西亞2020年3月實行全國行動管制令（MCO）關閉邊境。媒體報導當天凌晨解禁時，新加坡兀蘭檢查站（Woodlands Checkpoint）出現等待跨境的隊伍，數以萬計在新加坡工作的馬來西亞年輕人，有的徒步、有的搭車，時而響起亢奮的歡呼聲，新柔長堤（Tambak Johor）車水馬龍的場景，相當令人震撼。（亞洲週刊，2022）

有關馬來西亞經濟發展歷程中，爲人印象深刻的就是勞動力結構問題，本國人力外流的同時，持續引進外國勞工。有識者觀察認爲「年輕人出走、外勞來淘金，兩極化令人憂」，建議政府應深思並尋求有效對策（南洋商報，2022）。本文擬針對馬來西亞經濟概況、人力資源發展以及未來經濟展望，進行初步之探討。以下共分三節，第一節馬來西亞經濟概況，第二節馬來西亞人力資源發展，第三節馬來西亞未來經濟展望。

第一節　馬來西亞經濟概況

壹、馬來西亞工業化

眾所周知，馬來西亞油棕、橡膠樹及可可等農產品享譽全球，是主要出口經濟作物。根據學者研究，馬來西亞從農業領域走向工業化發展，其背景是1971年實施的「新經濟政策」（New Economic Plan），相對於華人或印度人，目標在於積極提高馬來人的地位。關於馬來西亞經濟發展歷程，在其他章節有細膩描繪，此處簡單略述如下。1970年代馬來西亞採取出口導向型工業化路線，電子、電機與纖維產業亟需新的勞動力，提供馬來人更多雇用的機會，也培育許多馬來人企業家。1980年代持續重工業化政策，政府全額出資成立馬來西亞重工業社（HICOM），全力發展製鐵、纖維、肥料等產業。

即便如此，1985-1986 年間經濟疲弱，於是改採引進外資並開放國營企業民營化。當時，除了制定 1986 年《投資促進法》，放寬經常雇用員工數 350 人以上、出口產品 50% 以上的企業，得由外資百分之百持有；另外還開發自由貿易區（Free Trade Zone, FTZ）等措施，來改善投資環境。外國的投資如雪片般飛來，同時也帶來可貴的尖端技術；1987 年馬來西亞農業與製造業占 GDP 的比例逆轉，出口項目中工業產品的占比也首度超過第一級產業的農產品。（小林英治，1996）

貳、馬來西亞經濟現況

根據經濟合作暨發展組織（Organization for Economic Cooperation and Development, OECD）報告評估，2019 年底新冠肺炎疫情衝擊下，馬來西亞經濟短暫下滑後會適時反彈，要感謝過去的努力堅守有成，建構了一個健全的政策架構。OECD 甚至預測 2021-2022 年馬來西亞實質經濟成長率（GDP），可以順利回升至 4.3%、6.1%，詳細請參見表 1。

表 1　OECD 預估馬來西亞經濟將持續穩健成長

（單位：%）

	2019	2020	2021	2022
實質 GDP（Real GDP）	4.4	-5.6	4.3	6.1
私人消費（Private consumption）	7.7	-4.3	3.3	7.5
出口（Exports）	-1.0	-8.9	10.4	3.5
進口（Imports）	-2.4	-8.4	10.3	3.3

資料來源：OECD, 2021，本研究整理。

實際上，2021 年馬來西亞經濟成長率雖未達 OECD 預期的 4.3%，但也表現頗佳，全年 GDP 爲 3.1%。馬來西亞央行表示，2020 年受到新冠肺炎疫情影響，GDP 衰退至 5.6%，是 1998 年亞洲金融風暴以來，表現最差的一年。2021 年 GDP 尚未恢復至 2019 年疫前的水準，但景氣復甦可望持續下去，而 2022 全年 GDP 和 OECD 的推估相仿，預估在 5.5-6.5% 之間。

參、馬來西亞經濟特色──混合經濟

有關馬來西亞政黨政治的發展，無論是 1946 年馬來民族統一機構（巫統），或是現在的希望聯盟或國民陣線，時而分裂時而整合。相關研究有深入探討，此處不一一贅述（例如陳戎軒等，2021）。惟其政黨政治與經濟發展之間的關係，學者左正東認爲，馬來西亞實施的新經濟政策，使得該國政治與經濟存在一種相互依賴的雙元平衡狀態。

左正東認爲，從馬來西亞經濟結構觀之，一是自由開放之外向型經濟，以 1970 年代起自由貿易區內專營國際出口且高度仰賴外資的加工製造業（電機電子業）爲代表；一是政府保護的內向型經濟，以新經濟政策及重工業政策培育之諸多政府相關企業爲首。而上述外向型經濟與內向型經濟間兩者相輔相成，甚而連帶出政治與經濟間的平衡。其精闢之論述，引用如下：

「*特別要指出地是，當凱斯（William Case）以「混合經濟」（mixed economy）說明馬國政治經濟時，特別提到其外向部門強勁的出口能力，讓內向部門在政府保護下享有超額利潤，能滿足外來資產投資者，並贊助巫統領袖，從而強化即有的政治結構，進一步支持外向部門發展。這個看似完美的組合，是以出口部門持續創造財富，外商持續投資爲前提，如此政府獲得豐沛的財政資源，從而能進行財富分配，維持政治穩定。*」（左正東，2014）

第二節　馬來西亞人力資源發展

壹、馬來西亞總人口與勞動力結構

在政治經濟雙元平衡的基礎下，馬來西亞經濟持續發展，而根據馬來西亞統計局（DOSM）資料顯示，2021年馬國總人口約爲3,265萬人，年增率爲2%。其中公民人數約2,996萬人，最大族群是土著馬來人，占全國公民總數69.8%，華人爲第二大族群占22.4%（671萬人），印度人和其他人分別保持在6.8%和1%。

就勞動力方面，由於引進大量外籍勞工，統計上有公民與非公民之分。根據OECD分析，馬來西亞經濟發展對外籍勞工頗具吸引力，2019年非公民勞工230萬人，占勞工總數的15%，2020年因新冠肺炎疫情管制邊境並限制經濟活動，略降爲14%，但人口數都維持在200多萬人，且集中在製造業、農業、建築業，大多是低技能工作者（OECD, 2021）。

依據《馬來西亞移民法》（*Immigration Act 1959/63*）規定，外籍人士入境必須申請入境准證（Valid Pass）。外籍人士入境之工作簽證主要有兩類，第一類是熟練工（skilled expatriates），月薪3,000馬幣以上，第二類則是其他的低技能工（low-skilled workers），月薪不滿3,000馬幣。

前者領到的是工作居留簽證（Employment Pass），最長可停留五年，有機會可以成爲永久居民；後者的簽證則是訪問居留簽證（Visit Pass），必要時可以展延，最長可以到十年。馬來西亞投資發展局（Malaysian Investment Development Authority, MIDA）負責審查這些外籍勞工的申請案。

馬來西亞統計局（DOSM）公布最新資料顯示，2021年非公民勞工人數再降爲219萬人，占勞工總數的13.6%，詳細請參見表2。另一方面，在非勞動力方面，可以發現女性幾乎是男性的一倍，而準備升學的人數顯著攀升，2020 年 14.8 萬人，2021 年驟升爲 25.7 萬人。詳細請參考表 3。（DOSM, 2022）

表 2　馬來西亞勞動力結構

（單位：千人）

年分	2019 年	2020 年	2021 年
勞動力	15,766.7	15,922.3	16,135.0
性別			
男	9,589.2	9,738.4	9,858.4
女	6,177.5	6,183.9	6,276.6
年齡			
15-24	2,820.2	2,588.6	2,685.1
24-34	5,408.7	5,426.0	5,564.5
35-44	3,688.7	3,832.0	4,104.1
45-54	2,641.3	2,676.1	2,608.5
55-64	1,207.8	1,399.5	1,172.8
族群			
公民	13,339.1	13,719.8	13,941.8
土著	8,939.6	9077.1	9,297.0
華人	3,313.8	3,454.4	3,453.2
印度人	972.3	1,067.8	1,048.5
其他	113.4	120.4	143.1
非公民	2,427.6	2,202.5	2,193.2
教育程度			
未受正式教育	470.6	358.0	596.8
國小	1,919.8	1,641.6	1,389.9
國中	8,777.7	8,595.4	9,019.5
第三期教育（高中以上）	4,598.3	5,327.3	5,128.9

註：勞動力是指在調查時間點年齡介於 15-64 歲的人，處於就業或失業狀況。

資料來源：DOSM, 2022，本研究整理。

表 3　馬來西亞非勞動力統計

（單位：千人）

年分	2019 年	2020 年	2021 年
非勞動力	7,066.1	7,318.4	7,361.5
性別			
男	2,233.3	2,325.1	2,306.5
女	4,832.8	4,993.2	5,055.0
年齡			
15-24	3,321.1	3,513.7	3,470.8
24-34	827.3	922.3	805.3
35-44	753.1	783.1	637.0
45-54	795.6	796.8	899.1
55-64	1,368.9	1,302.4	1,549.3
未就業原因			
就學／訓練計畫	3,051.4	3,105.3	3,106.1
從事家務／家族	2,940.8	3,107.6	2,982.1
準備升學	38.4	148.9	257.3
身心障礙	308.8	169.9	185.4
無意願／剛畢業	56.3	127.0	172.0
退休／老年	670.4	659.7	658.6

註：未被分類爲就業或失業的人都歸類爲非勞動力。包括家庭主婦、學生（包括進修生）、退休人員、身障人士和無意願就職者。

資料來源：DOSM, 2022，本研究整理。

貳、新經濟政策配額制（Quota）

爲何馬來西亞國內勞動市場存在大量非公民勞工，這要回溯到先前的「新經濟政策」。1980 年代馬來西亞採取外資主導型出口導向工業化政策，逐步發展成 ASEAN 優等生，與泰國並駕齊驅。勞動市場的人力結構與 1971 年前實施的「新經濟政策」息息相關。1969 年 5 月 13 日發生種族暴動，政府擬訂新的政策，以有效提高馬來土著（馬來人、原住民族，Bumiputera）的地位。過去在英國殖民地時期，馬來土著多在農村務農，華人則於都市經商，長久以來形成根深蒂固的種族經濟分業關係。爲逆轉此一現象，當時的總理敦拉薩（Tun Abdul Razak）擬訂「新經濟政策」，實施種族配額制，嘗試消除貧困並重新分配資源，以平衡各種族之間的經濟差異。

首先，爲促進馬來土著雇用，依照種族來分配雇用比例，馬來土著 55%、華人 35%、印度人 10%。其次，企業股東持股比例（資本出資）也實施配額制，馬來土著 30%、華人 40%、外國人 30%。該制度還涉及大學學位、獎學金、房屋、公共工程等。這種由上而下的硬性規定，學者稱之爲「馬來西亞式的開發獨裁」。（三木敏夫，2008）

由於雇用配額制規定依照種族配置雇用比例，勞動市場對外國人的依賴愈來愈高；即便 1990 年以後「新經濟政策」逐步調整，但是 2021 年非公民勞工人數仍維持在 219 萬人左右，占勞工總數的 13.6%。當然，這還不含非法停留在馬國境內的外籍勞工。根據政府及相關勞工團體估計，馬國境內非法外勞人數，高達 400 萬人。（中央社，2021）

另一方面，「新經濟政策」配額制也引發相關的效應。早在 2011 年世界銀行（The World Bank）針對馬來西亞年輕人出走的現象，發表有專書：《馬來西亞經濟觀察－人才流失》，揭示自 80 年代以後國內大學或研究所畢業生紛紛出國就業，或是在國外讀大學、研究所的留學生，學成後選擇不返國而逕留當地就業的現象，稱之爲人才流失（Brain Drain）。

即便 2009 年總理納吉布（Najib Razak）執政後，提出新經濟模型（New Economic Model, NEM），對這些人才擬訂各種激勵留才措施，但是未見效果。根據世界銀行估計，馬來西亞移居海外人數，1980 年約 28.6 萬人、1990 年約 45.2 萬人、2000 年約 65.7 萬人、2010 年約 77.2 萬人或甚至高達 100 萬人。其中，被列爲菁英的人數，2000 年約 18.4 萬人、2010 年約 27.6 萬人。移居的國家以新加坡、澳洲、英國、尼泊爾、美國這五個國家爲主。（The World Bank, 2011）

參、馬來西亞主要勞工法令

前述 OECD 提及馬來西亞經濟反彈有成，有賴於其過去建立的健全政策架構，其中包含近十年來其勞力市場有顯著的包容性進步。何謂包容性的進步，OECD 舉列數項指標性發展，例如女性勞動參與率提升、2013 年實施最低工資等（OECD, 2021）。在介紹馬來西亞主要的勞工法令前，首先要強調的是馬來西亞的法律體系與我國不同，受到英國殖民時期影響，採取普通法（common law）體系。除了聯邦憲法、聯邦議會的制定法或其下的規則，以及州憲法、法律及規則外，不成文法的判例法（case law）亦具有重要地位。以下，介紹幾個主要的勞工法令。

一、1955 年《雇用法》（*Employment Act 1955*）

1955 年《雇用法》適用的對象比較狹隘，以低收入、肉體勞動者爲主。馬來半島與納閔聯邦直轄區內，所有月薪不超過 2,000 馬幣的受雇者、肉體勞動作業員（無薪資限制），都是該法的適用對象。由於 2,000 馬幣是社會新鮮人的最低薪資，所以許多勞工不在本法的適用範圍內。未在適用範圍內的勞工，則與企業訂立雇用契約，或以該企業之工作規則爲主。根據該法，雇主與勞工必須繳交公積金（Employee's Provident Fund, EPF），固定提撥金額儲蓄起來，提供勞工退休後的保障。本法與我國勞動基準法之差異，請參考表 4。（臺中市政府，2019）

二、1952 年《勞工補償法》（*Workmen's Compensation Act 1952*）外籍勞工補償制度

有關勞工社會福利方面，馬來西亞社會保險機構（Social Security Organization, SOCSO）負責兩大社會保險計畫：職場工傷保險計畫與失能養老金計畫。馬來西亞勞工能夠享受醫療福利、失能補助、長期照顧津貼、家族補助或生存者養老金等。前者由雇主全額負擔，額度約是勞工月薪的 1.25%，後者則由勞雇雙方共同負擔，額度是 1%。然而，外籍勞工未在其適用範圍內，而是在 1952 年《勞工補償法》增列外籍勞工補償制度（Foreign Workers Compensation Scheme），規定企業必須爲外籍勞工加保，違法者處以罰鍰或課以刑責。

三、1991 年《雇員公積金條例》（*EPF Act 1991*）

馬來西亞雇員公積金（Employees Provident Fund, EPF），是財政部（Ministry of Finance）轄下的聯邦法定機構，管理強制儲蓄計畫（Compulsory Savings Plan）和退休金。本國公民或在外國公民都可以取得公積金會員資格。依據 1991 年《雇員公積金法》（*EPF Act 1991*），雇主須繳付雇員公積金，並准許其會員在退休前或其他特殊情況下取回這些公積金，提供勞工退休後的保障。

四、2012 年《最低工資法》（*Minimum Wages Order 2012*）

照 2011 年《國家薪資評議會法》（*National Wages Consultative Council Act 2011*）規定，國家薪資評議會每兩年應向政府提出薪資建議。建議內容包括最低薪資金額、適用範圍、施行日期等。2012 年 7 月西馬最低工資是 900 馬幣、東馬則是 800 馬幣；《最低工資法》自 2013 年 1 月 1 日生效。2022 年 5 月 1 日起將實施 1,500 馬幣最低工資，初期先適用於大型企業（big companies）與國營企業（Government-linked

Companies, GLC），微型企業（micro companies，5 位員工以下）暫不實施。

表 4　馬來西亞 1955 年《雇用法》與我國《勞動基準法》之比較

主要法律	臺灣《勞動基準法》。	馬來西亞《雇用法》。
適用範圍	除經中央主管機關指定不適用行業外，其餘一切具有勞雇關係之行業與其勞動者間均適用。	體力勞動者；客運或貨運、報酬和商業目的，營運或維持高級運輸工具體力勞動者的監管者；國家公務員；海上船舶的部分職位。
勞動契約之簽訂	以口頭或書面均可成立，惟契約內容違反強制、禁止規定者，無效。	服務契約可以口頭或書面、明示或默認的方式成立。包括學徒契約。服務契約不得含有限制雇用加入。
勞動契約終止前之預告期間	勞動契約未有特別約定或低於法令標準者，預告期間標準為： 一、繼續工作 3 個月以上 1 年未滿者，於 10 日前預告之。 二、繼續工作 1 年以上 3 年未滿者，於 20 日前預告之。 三、繼續工作 3 年以上者，於 30 日前預告之。	服務契約必須有終止條文。如果沒有，預告期間標準為： 一、年資未滿 2 年者，於 4 星期以前預告之。 二、年資 2 年以上 5 年以下者，於 6 星期前預告之。 三、年資 5 年以上者，於 8 星期前預告之。
正常工時	每日不得超過 8 小時，實施 2 週或 4 週變形工時者，正常工時不得超過 10 小時。	每日不得超過 8 小時，每日延長工時後不得超過 10 小時；每週工時不得超過 48 小時。
延長工時	延長工時連同正常工作時間，1 日不得超過 12 小時；延長之工作時間，1 個月不得超過 46 小時，特殊狀況 1 個月不得超過 54 小時，每 3 個月不得超過 138 小時。	每日延長工時 10 小時以外之工作時間，視為超時（加班）。每月超時（加班）之工作時間不得超過 104 小時。

休假日	勞工每7日中應有2日之休息，其中1日為例假，1日為休息日。	每週1日休息日。休息日數可由雇主決定。若雇主每週給付2日休息日，則第2日為休息日。
休息日排定	休息日，由勞資雙方排定之。	雇主應於每月月初製備休假表，通知員工其每週之休息日。
例假日	內政部所定應放假之紀念日、節日、勞動節及其他中央主管機關指定應放假日，均應休假。	每年10日，包括國慶日、元首誕辰、州元首或蘇丹誕辰、勞動節4日，其他6日雇主依據1951年假期法令，另行通知員工。
特別休假（有薪年假）	一、6個月以上1年未滿者，3日。 二、1年以上2年未滿者，7日。 三、2年以上3年未滿者，10日。 四、3年以上5年未滿者，每年14日。 五、5年以上10年未滿者，每年15日。 六、10年以上者，每1年加給1日，加至30日為止。	一、2年或2年未滿者，8日。 二、2年以上5年未滿者，12日。 三、5年或5年以上者，16日。
病假	「勞工請假規則」第4條： 勞工因普通傷害、疾病或生理原因必須治療或休養者，得在左列規定範圍內請普通傷病假： 一、未住院者，1年內合計不得超過30日。 二、住院者，2年內合計不得超過1年。 三、未住院傷病假與住院傷病假2年內合計不得超過1年。	年資未滿2年者，每歷年14天；年資2年以上5年以下者，每歷年18日；5年以上者，22日。 每年最高有薪病假60天（含住院）。

終止契約（解雇、資遣）	依據《勞基法》第 11 條、第 12 條所定法定事由，雇主得與勞工終止勞動契約。但依第 11 條規定終止契約，應給付資遣費。	勞工行為不檢，雇主得未經預告即時解雇。雇主因故終止服務期約時，勞工享有終止契約之相關權益。惟因行為不檢被解雇、自願離職或強制退休者，無。
工資給付	工資之給付，除當事人有特別約定或按月預付者外，每月至少定期發給 2 次。	事業單位每月第 7 日以前給付工資。一般契約之終止，工資應於終止日當日發放。

資料來源：臺中市勞工局，2019，本研究整理。

第三節　馬來西亞未來經濟展望

壹、馬來西亞第十二大馬計畫

馬來西亞從 1966 年開始實施每五年為一期的大馬經濟發展計畫，範圍擴及馬來西亞全境（包括沙巴和砂拉越）；2021 年 9 月馬來西亞總理依斯邁．沙比里公布 2021-2025 年「第十二大馬計畫」（12th Malaysian Plan）。該計畫以「大馬一家：繁榮、包容和穩固」為目標。預算額度為史上最高，第十一大馬計畫為 2,485 億馬幣，而第十二大馬計畫則高達 4,000 億馬幣，以推動未來五年的經濟發展計畫。新的五年計畫中，涵蓋多項建設，包括連結城鄉和工業中心的新高速公路和鐵路網，以及提供買得起的住屋、改善衛生、教育和寬頻網路。第十二大馬計畫共分為七大重點：

1. 透過更全面及針對性的計畫解決貧困問題，尤其消除赤貧及減少社會經濟不平等。

2. 強化土著議程，以縮小土著與其他種族的差距。

3. 透過加強基礎設施的建設，加速沙巴州、砂拉越州及其他低發展州屬的發展。

4. 為微型與中小企業的發展提供有利的生態系統。

5. 加速先進科技和數位化的使用。

6. 專注於高科技活動，以鼓勵優質投資。

7. 加速綠色經濟的轉型，以支持永續發展，使馬國成為低碳國家。（駐馬來西亞臺北經濟文化辦事處，2021）

第十二大馬計畫設定幾大目標，包括 2025 年經濟成長率 GDP 應達到 4.5-5.5% 之間，國民年平均收入 57,882 馬幣（約合臺幣 398,200），勞動生產力成長率 3.6%，勞工工資占 GDP 比率 40.0%，每月平均家庭收入達 10,065 馬幣（約合臺幣 69,200 元），國民幸福指數也要增幅為 1.2% 等。詳細的目標值，請參考表 5。（EPU, 2021）

表 5　馬來西亞第十二大馬經濟計畫（2021-2025）之目標

	第十一大馬計畫	第十二大馬計畫
經濟成長率（GDP）	2.7%	4.5-5.5%
國民平均收入	42,503 馬幣	57,882 馬幣
勞動生產力	1.1%	3.6%
勞工工資占 GDP 比率	37.2%	40.0%
每月平均家庭收入	7,160 馬幣	10,065 馬幣
國民幸福指數	0.5%	1.2%

資料來源：EPU, 2021，本研究整理。

貳、馬來西亞經濟發展之問題點

OECD 觀察馬來西亞經濟在新冠肺炎疫情衝擊下持續穩健發展，但仍有進步空間。特別是在人力資源發展面向，提出幾項建議。首先，即便男性與女性的勞動力參與率有改善，但是 2020 年 5 月失業率飆升到史上最高的 5.3%，加上脆弱勞工（vulnerable worker，例如女性、年輕人、自營業者、低教育程度者、外籍勞工等）未受到適當保護，顯見國內相關勞工與社會保障制度仍有待加強。

其次，馬來西亞規定員工規模 10 人以上之事業單位，必須繳交人頭稅（Levy）至人力資源發展基金；該基金由人力資源發展機構（Human Resource Development Corporation, HRD Corp）監管。OECD 建議人力資源發展機構所提供的人資訓練計畫應該更爲公平，兼顧創業家、契約工、甚至是數位服務的自由工作者之需求。（OECD, 2021）

第三，馬來西亞人才流失的同時，2021 年非公民的外籍勞工高達 219 萬人，倘若加計非法勞工人數，總數相當可觀，這也引發勞動權益問題，例如加班時間過長、未確實支付薪資、沒有休息日、宿舍衛生條件低劣等。美國國務院發表 2021 年版《人口販運報告書》，馬來西亞得到極低的評價；2022 年美國海關及邊境保衛局（CBP）宣布，禁止馬來西亞醫用手套大廠 YTY 進口，棕櫚油公司 Sime Darby 在美存貨也將被扣留，理由是這些企業在生產過程中使用非自願勞動力，涉及「強迫勞動」問題。

英國家電製造商戴森（Dyson）也終止與馬來西亞供應商開泰工業公司（ATA IMS Bhd）合作關係，因該公司因剝削勞工而多次被人投訴。馬來西亞人力資源部長沙拉瓦南（M. Saravanan）承認，強迫勞動問題已經影響到外國投資者對馬來西亞產品供應的信心，衝擊該國出口成長經濟模式。（中央社，2021）

參、馬來西亞未來經濟展望

針對上述三個問題點，馬來西亞也相應提出解決策略。例如，2022 年 2 月提出「大馬一家：保住工作倡議暨短期就業計畫」，提撥 48 億馬幣以創造 60 萬個就業機會，目標在於將馬來西亞失業率降到 4% 以下。該計畫有三大項目，分別是薪資補貼（JKIP），預算 20 億馬幣、短期就業計畫（MySTEP），預算 17 億馬幣，以及技能提升與培訓計畫，預算 11 億馬幣。

第一項的薪資補貼計畫（JKIP）由馬來西亞社會保險機構（PERKESO）負責，主要適用對象是雇用畢業生、身障者、原住民、更生人、失業女性、單親媽媽或家庭主婦等脆弱勞工的雇主，依照薪資級距提供部分的薪資補貼，期間最長一年；該計畫預定將創造約 30 萬個就業機會。此外，爲鼓勵企業聘用高校畢業生，研擬每月補貼 900 馬幣、最長 6 個月的學徒計畫；聘雇零工的企業，同樣也獲得每月 600 馬幣補貼、最長 6 個月的零工補貼計畫。

第二項短期就業計畫（MySTEP）則由政府公部門或政府國營企業（GLC）負責，政府公部門將釋放 5 萬個短期就業機會、政府國營企業則提供 3 萬個短期就業機會。第三項技能提升與培訓計畫是由人力資源發展機構（HRDC）負責，針對會計、金融、環境、社會及行政等各領域提供訓練課程，而參與技能提升與培訓計畫的人，學費得以享有最高 7,000 馬幣的免稅額。

同時，對於有關剝削或虐待外籍勞工的問題，馬來西亞率先研擬相關法律修正案，以期增進對脆弱勞工的保護。舉例而言，2021 年 10 月 25 日提出 1955 年《雇用法》的修正案，以符合國際勞工組織（International Labour Organisation, ILO）之標準。修正內容包括企業招募外籍勞工必須符合幾項基本門檻，例如雇主不得違反相關勞工保護法令，或有人口販賣、強制勞動之前科，違法者課以最高 10 萬馬幣罰金或 5 年以下有期徒刑，以強化對外籍勞工的保護。

除上述修正法案外，2021 年 11 月初馬來西亞提出對應方案「有關強迫勞動之國家行動計畫（2021-2025）」（NAPFL）。翌年 3 月 21 日簽署國際勞工組織（ILO）2014 年第 29 號《1930 年強迫勞動條約議定書》；該議定書要求加盟國對於防止強迫勞動、保護被害者、補償等，提供有效措施加以救濟。當然，這對於馬來西亞 2022 年 3 月 18 日「區域全面經濟夥伴協定」（RCEP）生效，有助於未來加入「跨太平洋夥伴全面進步協定」（CPTPP），進一步開拓更大的商品與服務市場。

綜上所述，1970 年代馬來西亞採取出口導向工業化路線，1980 年代持續推動重工業路線，並制定《投資促進法》積極引進外資，建構出外資主導型出口導向工業化政策。當各行各業追求經濟發展的同時，對勞力需求殷切；然而，1971 年「新經濟政策」爲有效提高馬來土著的社經地位，依照人種採取配額制（Quata），該配額制還涉及大學學位、獎學金、房屋、公共工程等領域，這也影響馬國勞動市場結構，人才流失的同時，必須依賴外籍勞工。勞動力方面，非公民人數 219 萬人，占勞工總數 13.6%；當然，非法外籍勞工不在列計範圍。這些外籍勞工集中在製造業、農業、建築業等，大多爲低技能工作者。

然而，2019 年新冠肺炎疫情衝擊下，OECD 關注馬來西亞經濟發展並提出相關建議，例如因應失業率飆高，應加強對於脆弱勞工的保護，並積極推動培訓計畫提升工作技能，公平提供給有需求的族群；美國發表《人口販運報告書》關注馬來西亞企業強迫勞動、剝削勞工等問題，並針對違法企業祭出多項進口禁令。

對此，馬來西亞也提出解決對策，以呼應國內外對於改善勞動條件的警告，健全其經濟發展環境。2021 年 9 月馬來西亞公布 2021-2025 年「第十二大馬計畫」，首要解決貧困問題，尤其消除赤貧及減少社會經濟不平等，強化土著議程，以縮小土著與其他種族的差距，可以想見仍舊沿襲過去的扶貧路線。就人力資源方面，提出「大馬一家：保住工作倡議暨短期就業計畫」。同時，爲與國際勞動標準接軌，對內提出「有關強迫勞動之國家行動計畫（2021-2025）」（NAPFL）與相關法律修正案，對外則簽署國際勞工組織議定書，加強對參加「跨太平洋夥伴全面進步協定」（CPTPP）等國際條約的基礎實力。

總的來說，馬來西亞確實對各個經濟發展問題點提出因應策略，惟是否能夠積極落實各項措施，引導國內企業做出實質改善，強化外國投資者對馬國產品供應之信心，減緩對出口成長經濟模式的衝擊，值得密切觀察。

參考文獻

1. KPMG，2020，《馬來西亞投資手冊》。
2. 中央廣播電台，〈大馬企業強迫勞動問題 恐衝擊出口成長模式〉。2021年12月22日，取自網址：https://www.rti.org.tw/news/view/id/2120175。
3. 左正東，2014，〈金融危機與馬來西亞經濟自由化：比較馬哈迪與納吉對新經濟政策的改革〉，《遠景基金會季刊》，第15卷第2期。
4. 亞洲週刊，2022，〈大馬新加坡通關歡呼亢奮 東南亞逐漸走向與病毒共存〉，2022年第15期。
5. 南洋商報，〈年輕人出走 外勞來淘金 吳添泉：兩極化令人憂〉。2022年4月8日，取自網址：https://reurl.cc/qNZ9Wg。
6. 陳戎軒、傅聰聰，2021，〈馬來西亞社會轉型與馬來族群政黨分裂——基於社會分裂結構理論視角〉，《東南亞研究》，2021年第3期。
7. 經濟部投資業務處，2018，〈馬來西亞投資環境簡介〉。
8. 駐馬來西亞代表處，2021，〈馬來西亞及其州屬投資環境簡介〉。
9. 三木敏夫，2008，〈マレーシアの外国人労働者と少子高齢化〉，《亜細亜大学アジア研究所所報》，Vol.132。
10. 小林英治，1996，〈マレーシア工業化の挑戦（上）〉，《高知論叢》，Vol.57。
11. 小林英治，1997，〈マレーシア工業化の挑戦（下）〉，《高知論叢》，Vol.58。
12. 労働政策研究・研修機構，2013，マレーシアの労働政策。

13. DOSM, 2022, Labour Market Review fourth quarter 2021.

14. EPU, 2021, TWELFTH MALAYSIA PLAN 2021-2025.

15. OECD, 2021, OECD Economic Surveys Malaysia.

16. The World Bank, 2011, Malaysia Economic Monitor: Brain Drain.

Chapter 6

華人在馬來西亞宗鄉組織及政經發展

王綏恒*

* 中華民國臺灣國立成功大學機械系學士，現任馬來西亞居鑾海南會館顧問。

第一節　概述

馬來西亞是一個種族多元的社會，主要的族群以馬來人、華人及印度人為主，還有少部分的其他族群。華人在馬來西亞是第二大族群，約占大馬公民總數的四分之一，當地稱為「華族」。黃家定（2006）提到馬來西亞華人的移民史，在十五世紀初馬六甲王朝的時候就已經有少數的中國人移居到馬來西亞，而比較大的移民潮應該是發生在十九世紀末及二十世紀初，目前馬來西亞的華人絕大部分來自中國南方，如廣西、廣東、福建、海南、貴州等地。馬來西亞許多華人經商成功致富以後，數典不忘祖，在當地辦學校、建會館等傳承中華傳統文化，而寺廟、學校、會館正是馬來西亞華人社會的中心理念。

壹、華人會館及地緣性組織與成立性質

方雄普（1995）研究世界華人社團，發現社團名目繁多，然而就其基本形態，大致可分為「地緣」、「血緣」和「業緣」三大類。崔志鷹（1993）探討馬來西亞宗鄉組織，認為其層面廣泛，可說是馬來西亞華人社會的縮影，基於組成性質不同，分為以下三類：(1) 因地方福利而組成，如中華公會；(2) 因血緣關係而成立，如鄉親會、宗親團；(3) 因行業性質而組成，如中華商會、各行各業的公會等。

地緣社團又稱「同鄉會館」，以地緣為紐帶組成。馬來西亞的宗鄉組織是一種地緣性社團，也是在馬華人世界一股重要的力量。宗鄉組織常以「會館」或「公會」形式設立，宗鄉組織對於世界華人相互間聯誼及維護、發揚中華文化有巨大的貢獻。地緣性宗親會館具有群聚和居住的意思，是同鄉與商人聯誼的處所，可帶動鄉人團結和聯繫。其成立之目的，在為鄉親疏困、協助就業、提供膳宿，為鄉親會員謀取福利，更進一步的提升，是加強會館組織功能，如設立養老院、醫療照護、幫助老弱貧病，開設義山（公墓）安置無家人之亡者、創立學校、提供獎貸

學金援助會員子女就學等。

貳、華人會館及地緣性組織沿革與發展

華人移民到馬來西亞因信仰而創立寺廟，最早創立的華人寺廟是位於馬六甲的青雲亭，由先賢首任甲必丹（Kapitan Cina）鄭芳揚於 1673 年創建，距今已有 349 年歷史。傳統上，馬來西亞地區華人移民依其原鄉的行政區及所使用的方言，大體上分類爲福建人、廣東人、客家人、海南人及潮州人等五大「幫」。以下針對幾個創立歷史較久的地緣性宗親會館，進行簡單介紹：

1. 永春馬六甲永春會館：最早期的永春鄉會是西元 1800 年成立的馬六甲永春會館。

2. 客家檳城嘉應會館：1801 年創立於檳城的嘉應會館，是馬來西亞華人第一個成立的地緣性宗親會館，在馬來西亞各籍貫中，客家人是最早創會的。

3. 廣府檳城廣東記丁洲會館成立於 1801 年。

4. 潮州馬六甲潮州會館成立於 1822 年。

5. 潮州檳城潮州會館是馬來西亞歷史第二個潮州會館，距今有 160 年左右，保留了許多中國文化的精髓，是檳城的一間大宗祠，又名韓江家廟，2006 年榮獲聯合國教科文組織亞太文化遺產保護獎。

6. 福州檳城檳州會館成立於 1819 年。

7. 瓊州馬六甲瓊州會館成立於 1869 年。

此外，以下針對馬來西亞幾大（福建、廣東、客家、海南及潮州等）重要的地緣性華人社團，加以介紹：

1. 三江華人社團：廖文輝（2019）分析該社團，認爲一般閩粵以外的人士就會被歸類爲三江人。不使用閩粵的方言群體，在馬來西亞眾多方言群體中最爲特殊，他們的組成分子較複雜，但是籍貫色彩鮮明。

古華社對三江人較爲陌生，因爲他們進入馬來西亞的時間較遲，會館少，人數也最少，文化水平較高，因此，以文化相關的行業，大都由三江人獨占鰲頭。

2. 泉州華人社團：林聯華（2010）分析泉州華人社團的發展，(1) 社團定位本地化：聯絡鄉誼、互助互利；(2) 管理訊息：建立訊息公開、聯絡、辦公、監督的功能；(3) 社團發展國際化：馬來西亞泉州華人經商者多，經濟實力強，對馬來西亞經濟的貢獻不容忽視，因此，社團國際化以聯絡世界各地泉籍、鄉親互通商訊、共謀發展經貿事業、造福桑梓；(4) 重視培育青年力量：辦學校與各類文化教育等活動，以培育更多優秀華裔青年。

3. 瓊籍華人社團：張逢博（2017）分析，雖然瓊籍華人社團逐步調整，呈現出定位本土化、觀念現代化、管理專業化、功能經濟化、發展聯合化等新的發展趨勢。然而值得重視的問題是社團會員年齡老化、會館人才青黃不接、團結合作的力度不夠，未來瓊籍社團必須與時俱進、不斷的自我更新成長、才能贏得新的發展機會。

4. 粵籍華人社團：趙娜娜（2018）研究分析，根據時代發展做出華教相對的調整，如改變華文的教育模式、擴大獎學金發放範圍、繼承和發展文化理念和傳播的方式等，將華人社團的文教工作推向一個新的高度，目前馬來西亞已經擁有從小學到大學的完整華文教育體系。

5. 永春華人社團：蔡維衍（2018）研究，最早期的永春鄉會是西元 1800 年成立的馬六甲永春會館。會館遵循「老客幫新客」的鄉土觀念，爲同鄉謀福利、敦睦鄉誼、排解糾紛、維護權益，因此，許多永春人靠鄉親關係建構起商業社會網絡，實現了他們的「南洋之夢」。同時鄉社也大力提倡教育，最先開辦私塾學堂（如馬六甲永春會館）作育英才。

鄭達（2010）分析地緣性團體的發展，發現馬來西亞對華人社團的發展，較其他東南亞國家持更寬容的態度。馬國政府施行較開明的政策，允許華人社團成立和發展，華人的政治地位才能不斷得到改善和提升。

參、華人宗鄉組織的使命與傳承

辛宛清（2019）研究馬來西亞華人春節文化，從過年前的購買年貨、打掃房屋、團圓年夜飯、祭拜祖先、吃湯圓等活動，見到了馬來西亞華人對傳統的傳承；而馬來西亞華人春節獨特熱鬧的慶祝活動文化，說明了馬來西亞華人對傳統文化的創新。除外馬來西亞華人社團將華文教育與中華文化的傳播當成重要的使命，面對艱難的環境，突破挑戰，舉辦各種文化活動、創辦華校、提供華人子弟獎學金。

朱錦程（2020）從研究華商群體在馬來西亞的發展，發現華商是馬來西亞經濟的主體力量，從傳承的角度來看，老一輩的華商以外來中華傳統文化爲核心，新生代的華商則以本土馬華文化爲核心。因爲華商群體的教育背景、家庭教育、社會環境等諸多因素的影響，使得兩代華商對馬來西亞多元文化認同觀念存在顯著的差異性。然而在馬來西亞多元文化的發展中，也可見馬來人與華人文化相融之處，就如大家耳熟能詳的「娘惹」一詞，本是指華人與馬來人婚配的女性後代，現在已演變成包含飲食的一種文化，而這正是華人與馬來人相融文化的顯例。

第二節　華人在馬來西亞的政經地位之現況與發展

壹、馬來西華人政黨與政治地位

廖小健（2007）探討馬來西亞族群在政治領域結構性的差異及族群政治分層，結果表明，華人在馬來西亞政治分層下的政治地位，明顯處於弱勢，因此在族群權益博弈中的地位被大大的削弱。原晶晶（2014）研究華人公會對華人社團的統合，其結果顯示：由於馬華公會與華人社團的關係緊密，所以馬來西亞政府於 1990 年大選以後，爲了使華人選票回流，開始利用所謂「國家統合主義」機制，強化對華人的控制，造成馬華對華人社團的諸多干預，而馬國政府在拆解華人民間社團反政府力量的同時，爲馬華帶來議會選舉的成功，國家統合主義的收效也很明顯。但是，因馬華的行爲缺乏合法性，在華人社會運動蓬勃發展下，終導致對華人社會的國家統合機制走向失敗。

胡春艷（2015）探討馬來西亞最大的華人政黨──馬華公會，它在抗爭政府不合理的政策，以及爭取華人權益方面，的確發揮了一定的作用，但隨著馬來西亞「一黨獨大」政治格局的形成，馬華在國際聯盟中的地位日漸被邊緣化，而其在爭取華人權益上的態度漸趨中庸，引起華人社群的不滿，自馬華政黨成立以來，其在爭取華教權益上的表現是抗爭與妥協並存，馬華會有這種態度，應該是受到當時政治環境、領導階層的變化以及政黨特性的多層影響所致。

楊帆（2021）分析馬來西亞具有代表性意義的兩個華人政黨，指出馬華公會和民主行動黨在馬來西亞政壇同樣擁有非常重要的地位，華人政黨在馬來西亞第 14 屆大選中確實發揮了重要的作用，促使政壇「變天」。雖然兩黨在大選中的表現形成非常鮮明的對比，然而，無論脫穎而出的民主行動黨，或是日漸式微的馬華公會，兩黨都面臨來自黨內、黨外雙重困境，而各政黨自身後續發展上的難題，有待突破和解決，綜觀馬來西亞華人政黨在政治上的發展，仍然任重而道遠。

貳、華人在馬來西亞的經濟地位

華人爲馬來西亞的經濟發展做出了重大的貢獻，也獲得應有的經濟利益，在馬國排名前面的大富豪，占比高達九成，而 70% 的中小企業以及各大銀行、通信公司等都是馬來西亞華人所擁有。根據統計在馬來西亞占比不到四分之一的華人，卻掌握了馬來西亞四分之三的經濟總量。顯而易見，馬來西亞華人成立的各類社團所發揮的力量，不僅掌握了國家的經濟命脈，同時在媒體、文化等方面也一直不斷的影響著這個國家。

林勇（2006）針對 1957-2005 年馬來西亞華人與馬來人經濟地位的變化分析，結果顯示在多元族群的馬來西亞社會，華人與馬來人之間的經濟地位差距是個重要問題，更是政府決策的一個重要依據，如果能夠清楚認識華人和馬來人之間的族群經濟地位差距及其發展變化，對於馬來西亞的族群和價值關係就可以有更多認識和更客觀的判斷，從而對馬來西亞政府在推行族群政策和公平發展戰略能有比較公正的評價。

第三節　馬來西亞華人經濟的演變

壹、馬來西亞華人經濟的貢獻與特點

華文教育、華文報刊和華人社團向來被馬來西亞華人社群稱爲「華社三大資產」，它是凝聚華人民間力量和傳承中華文化的重要工具。可見華社是馬來西亞華人經濟發展的一股強大驅動力，吳開軍（2002）研究發現，因爲馬來西亞國內及國際上的一些因素，促使戰後馬來西亞華人經濟在總量上迅速發展，同時華人經濟具有多元化、本地化、國際化等特點；馬來西亞華人社團組織眾多、實力雄厚而且管理上較完善；華人經濟確實也存在幾個問題，如家族統治色彩較濃厚、盲目擴張、負債高，以及經濟活動缺乏透明度等問題。

貳、馬來西亞華社近年來發展的困境與新特點

華人百科（2022）指出近年來華社面臨的困境，包括：(1) 缺乏互動與合作以及內部紛爭不斷；(2) 少與其他民族進行交流；(3) 協商機制的成效受質疑；(4) 領導階層老化及對年輕一輩缺乏吸引力。蔡維衍（2018）分析 1957 年馬來西亞獨立之後，從中國來的移民幾乎絕跡，

華社不用再擔任接待新移民的歷史任務，因此，許多華社趨向於開放發展，不同籍貫者互相通婚已是常見之事，在世代蕃衍的信念下，許多家族會、宗親會陸續成立，並加入永聯會的團體會員。同時隨著社會的進步、教育水平的提升，華社紛紛拋開守舊的思想，積極地融入馬來人的社會，更進一步的成立世界華人社團聯誼會，凝聚世界更多華人的力量。然而，世界之大，在各種文化、語言交錯中，在馬來西亞的年輕華人，對宗鄉會或華人社團已經呈現出向心力逐漸淡化與參與感不足的現象。在馬來西亞政治變動的背景下，馬來西亞華人社團自然出現不同的發展趨勢。

華人百科（2022）分析馬來西亞華人社團發展基本情況，認爲：(1) 華人社團組織眾多管理完善且實力雄厚；(2) 華人社團發展與華人在馬來西亞的發展史是休戚相關。近年來馬來西亞華人社團發展，也呈現出新的特點：(1) 華人社團數量在不斷增長；(2) 具有馬來西亞全國代表性的華人社團逐漸集中，隨著馬來西亞華人社團間聯合合作的趨勢不斷增強，華人社團逐漸集中爲六大類聯合會（華總、商聯會、董教總、地緣性社團和血緣性社團組織聯合會）；(3) 華人社團以推動經濟聯繫爲首要功能走向國際化；(4) 新生代的華人青年社團逐漸顯示領導實力；(5) 更加注重華文教育、促進華教的興旺發展。

王光海、高虹（2008）從文化認同的角度看，認爲媽祖信仰對凝聚華人共識、傳承中國傳統文化、組織華人參與集體生活等方面發揮著重要功能。在多元種族、文化異質的多元社會裡，馬來西亞華人也可以透過對媽祖的信仰儀式，建立會館組織等途徑，建構華人的文化認同。

參、馬來西亞華人宗鄉組織之未來展望

以華人社團爲後盾的華人企業，長期的發展受到「馬來人優先」政策、「新經濟政策」的限制，使得華人處於不利的地位，而華人教育也處處受到約束，這使華人群體更加認識到自身的團結，以及聯合提升華

人整體社會地位的重要性和迫切性，也是促使華人社團迅速發展的外部重要原因；另外，馬來西亞多元文化的政策與氛圍是華人社會得以迅速發展的客觀條件。

總而言之，在馬來西亞的華人社會向來較側重華文教育和在政治上的權利，要實現這些重點目標，勢必要依靠華人社團和政黨的援助和力量，基本上華社在馬來西亞比起其他族群有較大的影響力，而華人對政治的參與度也比其他族群大。石滄金（2006）觀察華人社團發展指出，「華人社團的活動和舉措具有主導性，甚至領導性」。對於馬來西亞華人文化的保護、傳承和發揚有著舉足輕重的作用，可見華人社團的發展與華人在馬來西亞的發展史是息息相關、休戚與共的。

在馬來西亞華人社團，因爲華人陸續加入了居住國的國籍，華人社團身處變革的大潮，應該逐漸轉變，任何宗鄉社團一定要不斷自我調適和自我完善，追求更卓越的組織經營，以符合當地國社會及國際環境變化之需要。

參考文獻

1. 方雄普，1995，〈地緣社團話鄉幫〉，《僑園》，1995年第3期。
2. 王光海、高紅，2008，〈媽祖信仰與馬來西亞華人社會——文化認同的視角〉，《河南師範大學學報 哲學社會科學版》，2008年第4期。
3. 石滄金，2006，〈保護、傳承與發揚——20世紀80年代以來馬來西亞華人社團發展華人文化的舉措與動態分析〉，《東南亞研究》，2006年第2期。
4. 朱錦程，2020，〈代際傳遞視閾下馬來西亞華商群體多元文化認同〉，《八桂僑刊》，2020年第4期，頁48-57。
5. 百度熱搜，〈馬來西亞華人掌握著國家經濟命脈，為何處境如此尷尬？〉。2020年8月26日，取自網址：https://baijiahao.baidu.com/s?id=1

676031949218022275&wfr=spider&for=pc。

6. 吳開軍，2002，〈戰後馬來西亞華人經濟演變原因和特點〉，《東南亞縱橫》，2002年第7期。
7. 辛宛清，2019，〈馬來西亞華人春節文化研究〉，《今傳媒（學術版）》，2019年第3期。
8. 林勇，2006，〈馬來西亞華人與馬來人經濟地位變化的比較研究（1957-2005）〉，廈門大學博士論文。
9. 林聯華，2010，〈當代東南亞華人社團的發展變化——以泉州籍華人同鄉社團為例〉，《東南亞縱橫》，2010年第6期，頁86-90。
10. 胡春艷，2015，〈二戰後馬華公會與馬來西亞華教權益爭取〉，《八桂僑刊》，2015年，第3期，頁15-20。
11. 原晶晶，2014，〈論馬來西亞華人對華人社團的統合〉，《東南亞南亞研究》，2014年第3期。
12. 崔志鷹，1993，〈馬來西亞華人社團現狀和發展趨勢〉，《八桂僑刊》，1993年第3期。
13. 張逢博，2017，〈20世紀90年代以來馬來西亞瓊籍華人社團的新發展〉，《瓊州學院學報》，2017年第3期，頁1-6。
14. 華人百科，〈馬來西亞華人社團〉。2022年，取自網址：https://baike.baidu.com/item/馬來西亞華人社團/1303942?fr=aladdin。
15. 黃家定，2006，〈馬來西亞多元族群的政治〉，《南洋問題研究》，2006年第2期。
16. 楊帆，2021，〈馬來西亞第十四屆大選以來華人政黨政治變化探析——以馬華公會和民主行動黨為主〉，《八桂僑刊》，2021年第3期，頁44-51。
17. 廖小健，2007，〈華人政治地位於馬來西亞的政治分層〉，《東南亞研究》，2007年第5期。

18. 廖文輝，2019，〈馬來西亞的三江會館與三江人〉，《八桂僑刊》，2019年第1期，頁21-30。
19. 趙娜娜，2018，〈二戰後新馬越籍華僑華人社團文教功能的發展和變遷〉，《八桂僑刊》，2018年第2期，頁36-47。
20. 蔡維衍，2018，〈馬來西亞永春人與永春鄉會〉，《絲路縱橫雜誌》，2018年1月2日。
21. 鄭達，2010，〈論馬來西亞華人地緣性社團的發展——以吉隆坡、雪蘭莪兩地為例〉，《世界民族》，2010年第6期。

Chapter 7

馬來西亞的華文教育

簡敏芳*

* 中國南開大學管理學博士，現任環球科技大學企業管理系助理教授。

馬來西亞是一個族群、文化、語言和宗教多元的國家，其中馬來族爲最大種族，華人次之，還有印度人及其他少數民族。由於各民族來自不同的社會背景並具有不同的文化根源，他們各自保持著各民族的語言和傳統習俗，因而產生了不同的教育源流和教育制度。

華文教育在馬國已有兩百年以上歷史，經由社會集體的努力，奠定堅實基礎。自十九世紀初新馬地區已有華文私塾，二十世紀初，各地紛紛開辦現代學堂，在英殖民政府夾縫下發展，開啓了華文教育先河，在國家獨立前華校已有一定規模。

然則，1955 年，由英殖民主義者扶持的聯盟黨在選舉中取得勝利後，教育部長拉薩火速組織一個教育委員會，於第二年發表《1956 年拉薩報告書》。報告書中提到「國家教育的最終目標是將各族兒童納入一個以國語（馬來語）爲主要教學媒介的國民教育體系」，最終目標一旦得以落實，華文學校和坦米爾文學校則不復存在，將使華教生存蒙上陰影。

但隨之而來華文教育更大的威脅，則是 1960 年公布的《拉曼達立報告書》，政府自翌年起不再舉辦以華文爲媒介的中學公共考試，且華文中學也須面對選擇接受政府津貼改制爲國民型中學，或是不接受政府分文津貼，成爲獨立中學（簡稱獨中）。

華文中學改制是馬來西亞華文教育發展史中重要組成部分，1956 年檳城鍾靈中學爲首間接受政府津貼改制成國民型中學的華文中學。華文教育發展以 1960 年代做爲分期，以下簡要敘述馬來西亞華文教育的一些重要里程碑，以便對今日馬來西亞華文教育歷史淵源有個概略的認識。

第一節　1960年代的華文教育發展

馬來亞聯合邦於 1957 年 8 月 31 日宣布獨立，結束長達 446 年的殖民時期。獨立後國會下議院在 1959 年舉行第一次大選，聯盟於此次大選後重掌政權。政府於是在 1960 年成立教育委員會起草教育報告書。同年 8 月，正式發表這份新擬訂的報告書；由於委員會的主席是當時的教育部長阿布都．拉曼達立（Abdul Rahman Talib），所以華社稱此報告書爲《拉曼達立報告書》。翌年，根據這份報告書擬定的《1961 年教育法令》也在國會三讀通過。

《1961 年教育法令》在國會通過後，政府極力推行各項教育政策和計畫，建立一個以馬來語文爲媒介語的教育制度。首先，取消華文中學的津貼，並限定只發津貼給接受改制爲國民型中學者（即英文中學）。1962 年，原有的華文中學被迫改爲兩個不同的學校體制：

1. 接受政府津貼（諸如教師薪資、教育行政費、水電費等）改制爲國民型中學，不過課程方面只有華文一科可用中文授課，其他科目則必須用當時的官方語言，即英文或馬來文。

2. 拒絕改制，得不到政府津貼，成爲華文獨立中學，但是這些華文獨中可以採用官方語文以外的華語作爲教學媒介。

1961 年以前，馬來西亞共有 70 間華文中學。這些華文中學大部分是由華人社會籌資建立，而政府則是提供津貼補助學校的行政開銷。而《1961 年教育法令》的通過是政府開始推行單元化教育政策的標誌，華文中學面對改制浪潮的衝擊。在嚴峻的考驗下，華校的董教總組織除領導華社積極向政府爭取撤銷有關決定外，也籲請各個有關華文中學在爭取未達目的之前，切勿輕易接受政府的改制獻議。在這種情況下，由於經濟來源的問題，與一些執政黨的華裔領袖積極向華社鼓吹改制對華社子弟的升學和就業的種種好處，並保證改制後的中學仍有三分之一的課程繼續保持以華語做爲教學媒介，結果有 54 間華文中學在檳城鍾靈中學首開先河下，接受改制，成爲國民型華文中學；只有 16 間寧可放棄政府津貼，成爲「華文獨立中學」。

而華文中學接受改制是 60 年代華文教育式微的最主要原因，造成華文教育的發展至少落後十年，差點就此一蹶不振。1965 年，小學升中學會考取消，華文小學的學生可以直接進入國民型中學的中學預備班繼續學業，國民型中學的學生因此人數大增，而華文獨中則面臨學生短缺的困境。

華文中學改制後，初期教學媒介語改爲英語，並保留三分之一科目可以用華文教學。學制改爲 5 年制，中一至中三爲前期中學，中四、中五爲後期中學，畢業自華校的學生須修讀一年預備班，以適應進入中一教學媒介語的改變。

前期中學畢業生須參加初級教育文憑考試（Lower Certificate of Education, LCE），初期考取 LCE 者方可升上中四班就讀（後來一律自動升上中四）；後期中學畢業生必須考聯邦教育文憑考試（Malaysian Certificate of Education, MCE），英文科及格者可多獲劍橋文憑（School Certificate, SC）畢業證書。會考除華文一科採用華文作答外，其他各科皆改用英文作答（教學媒介語改爲國語馬來文後，除華文英文科外，其餘各科皆以國語作答）；改制中學改爲國語教學媒介語後，中三畢業生須報考初級教育文憑考試（Penilaian Menengah Rendah, PMR）；中五畢業生須考教育文憑考試（Sijil Pelajaran Malaysia, SPM）。馬來西亞學制請見圖 1。

經歷改制風暴後，華文獨中辦學陷入低潮，其生存與發展面臨重大危機。獨中初期的學生來源，多數以超齡生、小學升中學會考及初級文憑（LCE）考試的留級生爲主。1963-1972 年間，大部分的獨中在學生來源、師資及經費都面對困難，甚至有些學校面臨停辦危機。學生來源減少主要有兩個原因：

1. 1964 年起，馬國政府取消小學升中學會考，實施 9 年義務教育，所有小學畢業生直接進入國民中學或國民型中學繼續學業。

2. 一般華裔家長認爲國民型中學學費低廉、較易考取初級文憑，且無須多讀一年預備班爲由，不考慮將孩子送進獨中。

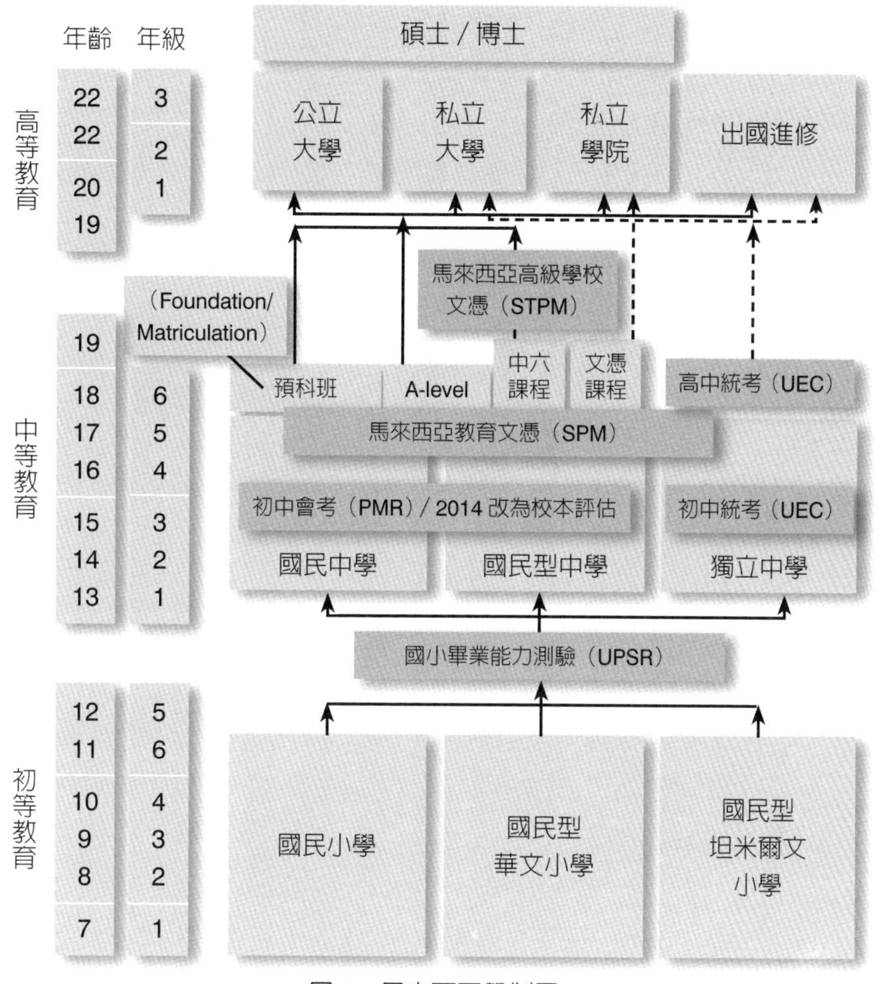

圖 1　馬來西亞學制圖

資料來源：駐馬來西亞臺北經濟文化辦事處教育組。

1967 年，教育部長佐哈里宣布從 1968 年開始，只有通過劍橋文憑或馬來西亞教育文憑考試的學生才能出國留學，這項條例全然切斷華校生的升學之路，而這是促使董教總申辦獨立大學（簡稱獨大）的直接原因。籌辦獨立大學獲得廣大群眾的支援，展開了籌款運動，雖然馬華公會反對籌辦獨立大學，可是，聯盟政府爲了緩和華裔選民的不滿情緒，且為了爭取支援，於1969年國會大選前兩天的5月8日，批准提出申請將近一年的「獨大有限公司」的註冊許可。

申辦獨立大學用「有限公司」之名義，是依照過往新加坡南洋大學（簡稱南大）的模式。當時南大也是隸屬於南大有限公司，原因為當時英殖民政府不允許設立民辦大學。當時的華團成立南大有限公司，將創辦南洋大學作為該有限公司的主要業務，因此獨大同樣採取南大模式設立大學，將獨立大學納入獨大有限公司的業務範疇。1969年的大選過後發生五一三事件，國家進入緊急狀態，獨大籌款活動也被禁止，爭取創辦獨大的計畫被迫擱置。

從1970年開始，英文小學所有學科（英文除外）便由一年級開始逐年改變，到1975年英文小學實際上已全部改為國民小學（馬來文小學）。英文中學一年級至五年級的媒介語，則在1976-1980年逐步改變，到了1980年英文媒介的課程已全部改為國語（馬來文）媒介。

1971年政府開始實施《馬吉依斯邁報告書》的主張，不以學生的學業成績，而是以種族的人口比例作為收生的依據，即所謂的「固打制」。從70年代以來，馬來西亞各大專馬來學生的人數大大超越其他人口比例（1970年馬來大專學生占53.7%，1975年占71.3%，1980年73.3%，1985年75.5%），造成非馬來學生與家長的普遍不滿。

同年，《大學及大專學院法令》通過，在該法令下，非馬來文媒介大學，包括獨立大學的設立已不可能。然而，以英文及阿拉伯文為教學媒介的回教大學卻在馬來西亞建立起來，為此，政府還特地修改《大學及大專學院法令》以達到網開一面的目的。獨立大學的被拒，與回教大學的建立，說明馬來西亞華裔的語文地位在國內還不如英文與阿拉伯文等外國語文。

1971年獨大有限公司根據《大學及大專學院法令》的規定，正式向最高元首提呈《獨立大學計畫》，結果在1974年大選前被拒絕。1977年，獨大有限公司發動全國華團簽名向最高元首請願，要求恩准創辦獨立大學。經過各種途徑爭取，還是無法獲得恩准。1980 年，獨大有限公司通過法律行動，向高等法院起訴政府，最後仍然以敗訴告終。

第二節　1990年代的華文教育發展

馬國實施單元化教育政策，60 年代的焦點爲迫使華文中學改制，70 年代則側重在阻撓華文大學的創辦，儘管遭到以董教總爲首的強烈抗拒，政府仍然不顧一切地強行實施，迫使華教不斷遭受各種打擊和挫折。

1982 年，教育部試圖通過小學 3M 制（Membaca、Menulis、Mengira）新課程綱要的推行，在該制度下，華小只有華文與數學課本是用華文編寫的，其他科目如道德、圖工、體育、人文與環境、音樂等教材均用馬來文，此舉激起了華社的強烈反對。結果在董教總、各華團與朝野政黨連成一氣共同爭取下，才使問題獲得解決。同樣的，1983 年的綜合學校計畫、1984 年華小集會用語事件以及 1987 年的華小高職事件等，有變質華小之企圖，都在董教總領導的抗爭下，獲得不同程度的解決。

此外，在 80 年代，董教總與各州大會堂組成華團領導機構，領導爭取華族語文、教育與文化的基本人權，包括在 1983 年向文青體育部提呈《國家文化備忘錄》，反對馬來中心主義的單元化的國家語文、教育與文化政策，提出華社的多元化主張和訴求；1984 年領導捍衛國家文化的寶貴遺產——三寶山的鬥爭；1985 年發表《華團宣言》，具體提出華社在政、經、文、教、社會等領域的主張和訴求。上述幾份重要文獻的特點是從人權的角度出發，建構華社爭取民族權益的堅實、系統的理論基礎。

1990 年國民陣線政府（前身爲聯盟政府）邀請董教總及其他華團

領導機構代表出席國家經濟諮詢理事會及國家教育法令諮詢理事會。由於報告書的草擬過程未能體現民主協商與相互尊重的精神，董教總的代表決定退出國家經濟諮詢理事會。

除了全力抗爭之外，董教總更從建設的角度出發，積極從事華教的復興與發展的工作，華文獨中復興運動是始於 70 年代初延續至今的重大事件。有鑒於當時許多獨中陷入困境，上述運動由霹靂州開始，迅速獲得華校董教總、校友會及熱心華教的華人社會的支援，擴大到全國各地，通過成立董教總全國發展華文獨立中學運動工作委員會（簡稱董教總全國獨中工委會），並於 1973 年底提出《獨中建議書》，作爲華文獨中辦學使命、方針、課程、考試、經濟、師資、學生的來源和出路等的指導原則。

經過 20 多年的奮力復興，華文獨中終於再度發展起來。60 間獨中學生人數由 1973 年的 2 萬多人增至 1999 年的近 6 萬人。此外，在技職教育的開拓方面，也得到良好的反應，設有工科的學校已達 20 間，而商科幾乎已經普及到各校。這個階段的特點是有領導、有組織的抗爭，而且在理論建設方面有比較顯著的成績。

總理馬哈迪於 1991 年提出 2020 年宏願，爲全國人民勾劃出一幅建設先進國的遠景，而且採取了較爲開放的措施，包括允許數百間以英文爲主要教學媒介的大專學院開辦；允許南方學院開設中文系及華社創建新紀元學院；馬中簽署教育備忘錄及將在多媒體超級走廊中應用中文等。

1996 年年底，總理馬哈迪在接受《時代周刊》訪問時，終於接受馬國是一個多元民族國家的事實，並表示將放棄同化政策。但在另一方面，《1996 年教育法令》比《1961 年教育法令》更爲嚴峻，因爲《1961 年教育法令》緒論中的最終目標（逐步發展一個以國語爲主要教學媒介的國家教育制度），不但仍然存在《1996 年教育法令》的緒論中，而且把「逐步」捨棄，表明「上述政策將通過一個提供國語爲主要教學媒介的國家教育制度來加以實施」。換句話說，最終目標已經變成現行目標。在這種情況下，即便教育部長保證華小將永遠存在，華人社會還是感覺沒有保障。

馬來西亞在 1997 年由於受到外國大財團狙擊而引發經濟危機之前，曾享有連續九年的快速成長，出現相對繁榮的局面。由於經濟發展的轉移，長期存在的種族問題於是逐漸淡化。

第三節　新時期馬來西亞華文教育的發展趨勢

馬來西亞教育部不斷將「最終目標」放入國家教育政策，2001 年發布《2001-2010 年教育發展藍圖》，而內閣也於 2001 年 6 月 20 日的會議上通過這份藍圖。教育部長於 2001 年 10 月 13 日公布藍圖。開宗明義，藍圖不忘闡明國家教育政策就是在執行《1956 年拉薩報告書》的最終目標，以達國民團結。這份藍圖仍然是在貫徹單元教育政策這一主導思想，將幾十年來懸而未決的問題帶入未來十年的教育發展規劃。

於 2002 年，董教總和教總常委聯席會議通過議決案，針對教育部的《2001-2010 年教育發展藍圖》，發布《2001-2010 年教育發展藍圖》的意見書。董教總認爲，政府理應重新檢討《2001-2010 年教育發展藍圖》，把多元文化看成是瑰寶，公平合理地對待各源流教育，提升透明度。政府有必要制定多元開放及具進步思想的教育政策和發展規劃藍圖，以充分發揮多元社會的優勢，加強凝聚力，來應對一個複雜、多變及迅速的國際環境所帶來的各項嚴峻挑戰。

教育部於 2007 年 1 月推出《2006-2010 年首要教育發展大藍圖》，簡稱《五年教育藍圖》（PIPP），並只以國語版發布。採用的策略是側重在建立民族國家，即是強調一個國家、一個民族、一種語文，強調國民學校爲全民首選學校，其他源流學校沒有獲得公平合理對待。

2012 年 9 月推出的《2013-2025 年馬來西亞教育發展藍圖》，爲接下來 13 年的教育路線圖制定方向與願景，繼續貫徹民族國家理念。而且更進一步提出從 2014 年，在華小和坦小四年級開始採用與國小一樣的國文課程和考試。從教育專業的角度而言，它對國家教育提出了許多教育改革計畫，其目的在於落實和貫徹均衡發展的素質教育，進而爲國家培育有素質、有競爭力的人力資本。

無論如何，由於沒有針對華教長期所面對的問題進行探討及提出解決方案，而且也過於強調國文和英文，忽略了華小以華文作爲主要教學媒介語的事實，不利於華小的持續發展，引起了華社的擔憂。眾所周知，華文小學是以華語作爲主要教學和考試媒介及行政語文，國文科在華小是作爲第二語文的學習。明顯可以看出《2006-2010 年首要教育發展大藍圖》和《2013-2025 年教育發展大藍圖初步報告》，都在落實《1956 年拉薩報告書》單元化教育政策「最終目標」，以實現單一源流學校的教育制度，建立單一民族國家。

董教總、教總、華總、留臺聯總、校友聯總、七大鄉團和馬來亞南大校友會於 2012 年 10 月 19 日提呈〈全國七大華團對教育部《2013-2025 年教育發展大藍圖初步報告》的看法和建議〉，要求教育部正視和檢討，重新制定一項實際可行的教育發展路線圖。

2013 年 9 月，教育部公布修訂版，雖然華社所提出的一些要求有獲得政府的回應和接納，這包括沒有在華小第二階段採用國小的國文課程；保留和加以改善預備班；沒有強制性規定國文未達能力水準的學生必須參加每週最多 5 小時的輔導班，以及特別強調多元文化和多元種族是馬來西亞的特色，政府將繼續保留現有多源流學校的教育制度，並維持華小和坦小的地位與特質。

爲了促進高等教育品質，在 2015 年提出《2015-2025 年馬來西亞高等教育藍圖》，希望透過此藍圖給予各大學更多的自主治理空間，並讓馬來西亞的高等教育品質可以擠進世界領先地位，其具體目標包括（Ministry of Education Malaysia, 2015）：

1. 將創業精神融入高等教育體系，爲大學畢業生創造更多的就業機會。

2. 有別於過去強調學術的高等教育系統，目前的高等教育系統納入更多技術與職業培訓。

3. 重視高等教育成果產出，並透過科技及創新滿足學生的個別化需求。

4. 調整公、私立大學的管理方式，更重視大學自主性。

5. 確保高等教育系統的財政永續性，減少對政府資源的依賴性，並要求所有從中受益的利害關係人必須要有所貢獻。

結語

馬來西亞教育法令第 16 條規定：國家教育體系應有三個類別的教育機構，即政府教育機構、政府津貼之教育機構及私立教育機構三類，此一規定表明國民中學和國民型中學分別屬於政府教育機構、政府津貼之教育機構。而華文獨中則屬於私立教育機構，三者同時並存於國家教育體系。

而在十幾年前，民聯 2008 年執政雪州後，開始撥款給州內四所獨中；民聯執政霹靂州後則曾頒布 1,000 公頃土地給州內 9 所獨中以地養校；2011 年，砂拉越國陣政府也曾撥出 2,000 公頃的土地給州內獨中以地養校。希盟政府執政聯邦後宣布 2019 年財政預算案時首次編列預算撥款獨中，全國獨中終於能堂堂正正列入國家財政預算案，獲得 1,200 萬令吉撥款；並同時撥款 600 萬令吉給三所民辦大學學院，即新紀元大學學院、南方大學學院及韓江傳媒大學學院。儘管這筆撥款數目不大，但意義重大，因爲這是馬來西亞華文教育歷史性的一刻。

馬來西亞的華文教育雖面對各方面的挑戰，但多數馬來西亞人都認同華文教育具有獨特性與歷史性，依然屹立不搖，尤其在全球華語熱的今日，長遠觀之，馬來西亞的華文教育仍有生存和發展的空間。

參考文獻

1. 古鴻廷，1998，〈戰後馬來西亞地區華文教育之研究〉，《東南亞季刊》，3（2），頁53-73。
2. 古鴻廷，1999，〈馬來亞聯合邦自治後華文教育之研究〉，《亞洲研究》，33，頁6-47。
3. 何凱琳，2012，〈馬來西亞國民型中學推動華文教育之分析〉（未出版之碩士論文），國立臺中教育大學，臺中市。
4. 李寬榮，1994，〈馬來西亞華文獨立中學的誕生、成長和展望〉，《華文世界》，72，頁101-111。
5. 林子琪，2018，〈多元文化教育觀點下的馬來西亞獨中教育──以霹靂州金寶培元獨中為例〉（未出版之碩士論文），國立交通大學，新竹市。
6. 林連玉，2001a，《風雨十八年》（上集），吉隆坡：林連玉基金。
7. 林連玉，2001b，《風雨十八年》（下集），吉隆坡：林連玉基金。
8. 柯嘉遜，1999，《馬來西亞華教奮鬥史》（第三版），董教總教育中心。
9. 馬來西亞華校教師會總會，〈教總簡介〉。2022年9月13日，取自網址：https://jiaozong.org.my/v3/index.php/introduction/introduction2。
10. 馬來西亞華校教師會總會、林連玉基金、校友聯總，2008，〈馬來西亞華教常識手冊〉（9）。
11. 馬來西亞華校教師會總會教育研究中心，2000，《華文中學改制專輯》（再版），吉隆坡：馬來西亞華校教師會總會。
12. 馬來西亞華校教師會總會調查研究及資訊組，〈何謂全津貼與半津貼學校〉。2022年9月13日，取自網址：http://web.jiaozong.org.my/

doc/2009/rnr/shuju/sjk_jintie.pdf。

13. 馬來西亞華校董事聯合會總會，1987，《董總卅年》，下冊。
14. 馬來西亞華校董事聯合會總會，《2013-2025年教育大藍圖》。2022年9月13日，取自網址：https://www.dongzong.my/resource/education-subject/blueprint。
15. 馬來西亞華校董事聯合會總會，〈2019年工作報告書〉。2022年9月13日，取自網址：http://www.dongzong.org.my/ebook/2019report/mobile/index.html。
16. 馬來西亞華校董事聯合會總會，〈2020年工作報告書〉。2022年9月13日，取自網址：http://www.dongzong.org.my/ebook/2020report/mobile/index.html。
17. 馬來西亞華校董事聯合會總會與馬來西亞華校教師會總會（董教總），〈華文獨立中學建議書〉。2022年9月13日，取自網址：https://resource.dongzong.my/images/doc/ZiLiao/DuZhong%20JianYiShu.pdf。
18. 教育部國際及兩岸教育司，2020，〈教育部外國大學參考名冊 各國學制手冊——亞洲地區〉，教育部，臺北市。
19. 曹淑瑤，2007，〈馬來西亞「獨立大學」籌建之探討〉，《興大歷史學報》，19，頁205-233。
20. 莫順生，2000，《馬來西亞教育史：1400-1999》，馬來西亞華校教師會總會。
21. 陳盈宏，2018，〈馬來西亞的高等教育發展現況及重點趨勢〉，《教育研究月刊》，291，頁67-78。
22. 陳美鳳，2009，〈馬來西亞新世代華人對華文教育態度之研究：以獨中生為例〉（未出版之碩士論文），國立暨南國際大學，南投縣。
23. 陸建勝，2009，〈馬來（西）亞董教總與華文教育發展之研究（1951-2000）〉（未出版之博士論文），暨南國際大學，南投。

24. 黃德祥、魏麗敏，2018，〈馬來西亞獨立中學的發展與挑戰〉，《教育研究月刊》，291，頁97-106。
25. 鄭良樹，1998，《馬來西亞華文教育發展史》（第一分冊），馬來西亞華校教師會總會。
26. 鄭良樹，1999，《馬來西亞華文教育發展史》（第二分冊），馬來西亞華校教師會總會。
27. 鄭良樹，2001，《馬來西亞華文教育發展史》（第三分冊），馬來西亞華校教師會總會。
28. 鄭良樹，2003，《馬來西亞華文教育發展史》（第四分冊），馬來西亞華校教師會總會。
29. Bahagian Pembangunan Kurikulum Kementerian Pelajaran Malaysia., 2011, Sukatan Huraian Bahasa Cina. Retrieved from: http://www.moe.gov.my/bpk/index.php? option=com_docman&task=cat_view&gid=41&Itemid=71.
30. Chong, S. L., 2007, Sekolah Menengah Jenis Kebangsaan di Semenanjung Malaysia: Satu Kajian ke atas Status, Identiti dan Cabaran (Unpublished master's thesis), University of Malaya, Kuala Lumpur, Malaysia.
31. Kamaruzaman, U., 1990, The Malaysia Chinese Dilemma (Unpublished master's thesis), University of Malaya, Kuala Lumpur, Malaysia.
32. Kementerian Pelajaran Malaysia., 2011, Statistik. Retrieved from: https://www.moe.gov.my/.
33. Malaysia Ministry of Higher Education.,2015, Malaysia Higher Education Blueprint 2015-2025: Executive Summary. Retrieved from: https://www.mohe.gov.my/en/download/awam/penerbitan/pppm-2015-2025-pt/5-malaysia-education-blueprint-2015-2025-higher-education/file.

國家圖書館出版品預行編目資料

東協明日之星——馬來西亞／許文志，許淑敏，張李曉娟，蕭景楷，丁重誠，王綏恒，簡敏芳著．——初版．——臺北市：五南圖書出版股份有限公司，2022.12
面；　公分
ISBN 978-626-343-530-8（平裝）

1.CST：經濟發展　2.CST：區域研究　3.CST：馬來西亞

552.386　　111018736

1MAM

東協明日之星——馬來西亞

作　　者 — 許文志、許淑敏、張李曉娟、蕭景楷、丁重誠、王綏恒、簡敏芳

發 行 人 — 楊榮川

總 經 理 — 楊士清

總 編 輯 — 楊秀麗

主　　編 — 侯家嵐

責任編輯 — 吳瑀芳

特約編輯 — 張碧娟

封面設計 — 王麗娟

出 版 者 — 五南圖書出版股份有限公司

地　　址：106臺北市大安區和平東路二段339號4樓

電　　話：(02)2705-5066　　傳　　真：(02)2706-6100

網　　址：https://www.wunan.com.tw

電子郵件：wunan@wunan.com.tw

劃撥帳號：01068953

戶　　名：五南圖書出版股份有限公司

法律顧問：林勝安律師事務所　林勝安律師

出版日期：2022年12月初版一刷

定　　價：新臺幣300元